Highway US-2, S. 153
Amtrak-„Empire Builder", S. 98
Lincoln Highway, S. 151
ud Clark Trail, S. 34
Highway US-50, S. 152
National Road, S. 150
Trail of Tears, S. 41
Appalachian Trail, S. 191
Natchez Trace, S. 40

Liebe Elisabeth!

In Erinnerung an die schönen Reisen u. Zeiten in den U.S.A.!

./. Der "Pasinger" Gerhard ./.

= Weihnachten 2011 =

American Trails

Text: Bernhard Schmidt

Fotos: Karl Johaentges

und Text der Gelben Seiten

Genehmigte Lizenzausgabe für
Verlagshaus Würzburg GmbH & Co. KG, Würzburg

Karte: Liselotte Lüddecke, Hannover

Druck/Bindung: Offizin Andersen Nexö, Leipzig

Printed in Germany 2001

ISBN 3-8003-0809-0

Umschlagfotos:
Monument Valley, Utah
Indian Days, Powwow in Browning, Montana
Reisender im AMTRAK-Zug „Empire Builder“
Golden Gate Bridge, San Francisco
Unterwegs auf der „Route 66“

Bildnachweis

Bernhard Schmidt: Seiten 10, 122 und 176;
Hauke Dressler / LOOK: Seite 107;
Archiv für Kunst und Geschichte AKG, Berlin:
Seiten 13, 14, 35, 37, 68, 70, 72. 96 und 98;
Pony Express Museum, St. Joseph: Seite 71;
Lincoln Highway Association: Seite 123.

Inhalt

Highway 163 zum Monument Valley – fast schon Symbol von „Freiheit und Abenteuer“

Vorwort

Geschichte ist in Amerika vergänglicher und auch weniger erfahrbar als bei uns. Die Spuren der historischen Trails nach Westen und die Blockhütten entlang dieser Routen sind in der Regel längst verfallen. Amerikaner haben deshalb einen verständlichen Heißhunger nach Geschichte. Und was uns Europäern Burgen und Kathedralen, bedeuten den Amerikanern ihre Forts und Trails. Dort, wo das Land brachlag und nicht gepflügt wurde, sind noch heute die Fährten von damals, die *ruts*, zu entdecken. Und wie Schatzsucher machen sich Trail-Touristen, Clubs und Verbände mit zunehmender Begeisterung auf Spurensuche. *Rut nuts* (Trail-Verrückte) nennen die Amerikaner liebevoll diese Spezies von Menschen.

In keinem anderen Land erzählen die Verkehrswege so viel über die wirtschaftliche und politische Entwicklung und vielleicht sogar über die Psyche eines Landes wie in den USA. Vor gerade einmal 150 Jahren waren die breitesten Spuren durch den Kontinent die der Bisonherden. Ihnen folgten die Indianer, später die Trapper und Missionare, und als 1843 die ersten Planwagen von der *Frontier* am Missouri in das „Niemandsland" im Westen aufbrachen, war der *Run* gen Westen nicht mehr zu stoppen. Die Eisenbahn erreichte schon 1869 den Pazifik. Parallel zu den Gleisen entstanden die ersten Highways, und als Folge der explosionsartigen Verbreitung des Automobils wuchs binnen weniger Jahrzehnte ein gigantisches Straßennetz.

Die neuen Asphaltadern entlang des 1926 ins Leben gerufenen *Federal Highway Systems* führten nicht – wie im Spinnennetz Frankreichs oder Italiens – zur Hauptstadt. Sie überzogen gemäß der Idee Präsident Thomas Jeffersons die Nation wie ein Gitternetz, ohne politisches oder geografisches Zentrum, gleichberechtigt und je nach Himmelsrichtung durch Nummern

Die Bisonherden trampelten die ersten Trails

geordnet. Die neuen Arterien verbanden die Städte nicht miteinander, neue Städte entstanden und wuchsen aufgrund ihrer Nähe zu den neuen Verkehrsadern. So spiegelt sich die überraschend ablehnende Haltung vieler Amerikaner gegenüber ihrer Bundesregierung in Washington sogar im Straßennetz wider.

Geschichte darf nicht langweilig, sondern muß erlebbar sein. Wenn ich etwas meide, dann staubtrockene Geschichtsabrisse. Bernhard Schmidt wird Sie mit seinem unverwechselbaren On-the-road-Stil in die Geschichte der amerikanischen Trails ziehen, zuweilen beschaulich, meist im wilden Galopp. Der Textautor reiste mit sehr unterschiedlichen Fahrzeugen durch die USA – mit Straßenkreuzern, Jeeps und mit dem Motorrad. Bissig legt er seinen Finger auch auf das, was uns Europäern entlang der Highways gegen den Strich geht.

Seit dem „Go West!" der Pioniertage hat es die Amerikaner immer gejuckt, in die Ferne auszubrechen. Meilen werden nicht gezählt. Der Weg ist das Ziel. Bewegung ist seit den Tagen der Planwagen Teil des *American Way of Life*, ob auf dem *Oregon Trail* oder der *Route 66* nach Kalifornien, ob als Rentner im klimatisierten Winnebago oder als *Easy Rider* auf der Harley. Die Weite der Landschaft, der Highway und vor allem das Fahrzeug sind Teil der amerikanischen Psyche. Für die Bewohner eines Landes, in dem der Führerschein die Aufgabe des Personalausweises übernommen hat, muß *Freeway* einfach gleichbedeutend mit Freiheit sein. Auf ihnen gibt es (noch) nicht die Geschwindigkeitsklassen, die einem Pick-up die linke Spur verbieten. Hier sind alle fast gleich – gleich schnell zumindest. Und im Widerspruch zum oft martialischen Aussehen ihrer Autos fährt die große Mehrheit der Amerikaner sanft wie ein Lamm.

Die Highway-Kultur hat zahlreiche On-the-road-Bücher und -Filme hervorgebracht. Neben Bill Brysons *Straßen der Erinnerung* war mir John Steinbecks *Travels with Charley – in Search of America* die liebste Reiselektüre. Nicht nur, weil Steinbeck – wie wir – mit einem tonnenschweren Pick-up-Truck mit aufgeschobener Campingkabine auf Entdeckungsreise ging (er nannte sein Vehikel nach Don Quichotes

Pferd *Rocinante*), sondern auch, weil viele seiner Reisebeobachtungen selbst nach fast 35 Jahren irgendwie zeitlos geblieben sind. Steinbeck suchte 'sein' Amerika abseits der damals neuen Interstates – und so auch wir. Mit voller Absicht versuchen wir, Sie von den Interstates auf die *Blue Highways*, die Nebenstraßen, zu locken, denn dort findet man am ehesten das Amerika abseits der Fastfood- und Motel-Ketten.

Wir tauften unser Reisegefährt weniger poetisch einfach *Fordy*, liebten den neun Jahre alten Diesel-Pickup mit 6,9 Liter Hubraum aber nicht weniger. In mehr als sechs Monaten legten wir mit ihm 35 000 Meilen zurück, um entlang der gewählten Routen das „Land der unbegrenzten Möglichkeiten" kennenzulernen, zu verstehen, zu beschreiben, zu fotografieren. Das Verstehen war oft nicht einfach, vor allem entlang der Interstates. Vieles, was Amerikaner begeistert und glücklich macht, stößt uns Deutschen bitter auf. Doch ist es gerade diese Haßliebe zu Amerika, die mich immer wieder über den Großen Teich lockt.

Wir haben alles zusammengetragen, was uns zum Verständnis der Trails und Highways wichtig erschien, denn hier liegt auch der Schlüssel für das Verstehen des „American Way of Life". Die allbekannte Neon-Reklame und die tausendfach fotografierten Motelschilder haben wir bewußt vernachlässigt, haben mehr Gewicht auf die Begegnung mit den Menschen entlang der Trails gelegt. Die Trails sind der „rote Faden" dieses Bilder-Lesebuchs durch die USA. Wir führen Sie nicht nur durch Nationalparks 'am Wege', sondern auch in Auto-Stadtlandschaften, in verlassene Gas Stations, in Pubs, auf Rodeos oder Powwows entlang der Strecke.

„Blue Highways" – der Weg ist das Ziel

Wir haben versucht, einen Bogen von den *ruts* (den Fährten der Planwagen) bis hin zu den modernen *Truck Stops* der Interstates zu spannen. Bahnreisen sind ebenso Teil dieser Trailgeschichte wie die transkontinentalen Wanderwege. Denn auf dem *Appalachian Trail* ist man als *Thru-Hiker* dem amerikanischen Pionierleben auch heute noch nahe. Ähnlich wie die Trails früher auf der Suche nach neuen Möglichkeiten aus der Sicherheit der zivilisierten Städte in die Wildnis jenseits der Frontier führten, so treibt es auch heute die Menschen massenhaft aus dem allzu geregelten Alltag der Zivilisation in die Natur, um dort für begrenzte Zeit ihr Glück zu finden.

Zur besseren Orientierung stellen wir die wichtigsten Routen mit kurzem Überblick über Geschichte und Streckenverlauf noch einmal auf „Gelben Seiten" vor. Einige Verdopplungen von Fakten in Text- und Kartenseiten waren dabei nicht zu vermeiden.

„American Trails" ist allerdings kein Reiseführer mit dem Anspruch der Vollständigkeit. Er ist eher ein Appetitanreger. Er soll den Einstieg erleichtern und Leidenschaft wecken für ein amerikanisches Thema, das hierzulande weitgehend noch „off road" ist. Lassen Sie sich anstecken. In Amerika sind Trails ein endloses Thema, dessen Faszination man mit fortschreitender Beschäftigung zunehmend verfällt. Je mehr man sich in Routen, Schicksale und Geschichten hineinversetzt, desto mehr neue Trail-Ausblicke öffnen sich und schreien nach Verfolgung: die *Cowboy Trails* von Abilene und Dodge City nach Texas, der *Blues Trail* entlang *Highway 61*, der *Silver Trail*, der *Bozeman Trail* im Norden oder die *Oxbow Route*. Sie alle haben viel über Amerika zu erzählen – und wir mußten sie links liegen lassen.

1997 sind selbst die Interstates und die Trails der Airlines nicht mehr der letzte Schrei. Der Daten-Highway, das Internet erobert Amerika und die Welt. Obwohl ich meine ersten Surfübungen erfolgreich hinter mich gebracht habe, begreife ich mich noch als blutigen *Cyberspace*-Anfänger – als Sonntagsfahrer. Immerhin, über Internet wurden fehlende Literatur und Daten für diesen Band recherchiert, Kontakte zu Behörden und Trail-Associations aufgenommen. Und wenn Sie jetzt Anregungen haben, melden Sie sich doch mal bei *KaJo* via Datenautobahn.

Meine Adresse?

100423.1672@ compuserve.com

Happy Trails! Karl Johaentges

Beginnen wir unsere Trail-Reise mit einem „American Breakfast"....

… und Irma McGuire (84), Cowgirl und Rodeo-Queen, Lander/Wyoming

North Platte-River bei Ash Hollow – hier rumpelten die Oregon-Planwagen nach Westen.

Agrarlandschaft in Nebraska – flach wie ein Bügelbrett

Bernhard Schmidt

American Trails

Der Ort ist ein Witz. Mitten im Wald, nach ungefähr zehntausend Kurven, stehen plötzlich eine Tankstelle, Family-Restaurant, drei Holzhäuser, ein bemooster Aluminium-Wohnwagen und ein kleines selbstgebasteltes Holzschild: „Lowell, Population 24“ – die 24 ist durchgestrichen und klein druntergeschrieben ist eine 23. Oh, denke ich, etwa ein Todesfall? „Stimmt“, sagt Betty in ***Ryan's Wilderness Inn*** neben der Tankstelle, „die Katze ist gestorben“.

Ich bin heute morgen 180 Kilometer weit gefahren, von Lolo über ***Lolo Hot Springs***, den ***Lolo Pass***, durchs Lochsa-Tal nach Lowell in dieses Lokal, wo ich mich von dem Motorrad loseisen mußte. Die Finger taub, die Nase vergletschert. Viel länger hätte ich nicht durchgehalten. Eine Kaltfront hatte mich erwischt. Mitten im September waren drei Grad minus.

Ich bin froh, bei der freundlichen Betty ein bißchen Wärme abzukriegen – rein physikalisch – und setze mich neben der Heizung auf eine der braunen Kunstlederbänke an einen gemaserten Resopaltisch. „Two eggs overeasy, sausage patties, hash browns, whole wheat toast and hot tea, please“. Ich kann Amerika inzwischen mit geschlossenen Augen an seinem klassischen Frühstück erkennen. Es schmeckt immer gleich herzhaft, aber gesund ist es sicher nicht. Man muß übrigens ***hot tea*** bestellen, sonst bringen sie einem auch bei Frost ***iced tea***. Da kennen die nichts. Muß am Pioniergeist liegen.

Jerry in seinem „Best little Storehouse“, Lowell

Lowell/Idaho ist ein bedeutungsloses Atom im großen Universum USA, abseits der Weltnachrichten, Moden, Marketing-Strategien und Regierungen. Washington ist weit, Boise, die Hauptstadt des Bundesstaates auch. Um Lowell, mitten im Wald, kümmert sich kein Schwein. Deswegen ist Betty hier und Jerry, der Mann von der Tankstelle.

Jerry, der Graue, Hagere, der stoppelig Unrasierte, Jerry mit seinem langen, dünnen, faltigen Hals, den Händen wie Baumrinde, seinen blassen Jeans und dem blaukarierten Flanellhemd, Jerry, 62 Jahre alt, der mit Nachnamen Wunderlich heißt und einer der zahllosen Deutschstämmigen ist. In Lowell, an einem schäumenden Fluß mit dem seltsamen Namen Lochsa, sitzt er seit zwölf Jahren sein Leben ab, und die Jahre, die er noch hat, hängt er hier auch noch dran. Im Winter macht er dicht, dann kommt in dieser gottverlassenen Gegend sowieso fast niemand vorbei.

Er ist gerne weg von den Menschen, vor allem denen, die ihm was vorschreiben wollen. Er ist die seßhafte Variante der ***Mountain Men***, aus der Zeit, als der Westen noch wirklich wild war. Jener Männer wie Jedediah Smith, Kit Carson, Jim Bridger, die frei sein und ihr Ding machen wollten, als Trapper, Waldläufer, Bergführer, Händler. Jerry's Ding sind Laden und Tankstelle, und der Staat ist er selbst. „Wenn das hier der Kaukasus wäre, hätte Idaho schon die Unabhängigkeit erklärt“.

Grundstücks-Besichtigung

Sein ***„Best Little Storehouse“*** ist bis zum letzten Winkel vollgestopft mit Kram: Auf dem Tresen stehen „Hot Mama Original German Boy Brand“-Würste, von der Decke hängen Fellmützen mit Biberschwänzen, grellbunte T-Shirts und wilde Westen, er verkauft Ventilatoren, Popcorn, Angelhaken, rosa Unterhosen, Gewehre, ***Lowfat Yoghurt***, bedruckte Fußabtreter, eine Margarine namens ***I Can't Believe It's Not Butter***®, Babynukkel. Und ***Elk Whistles*** natürlich.

Ich erwische ihn beim Vertreiben von Zeit. Er sitzt im Halbdunkel hinter dem Tresen, die Beine über Kreuz hoch auf einen Hokker deponiert, und er schaut sich das Reklamevideo einer Hirschpfeifenfirma an: „They make the most elky sound you've ever heard“, sagt eine vertrauensschwere Männerstimme. Dann sieht man einen Mann im grünen Wams, der in eine Hirschpfeife bläst, worauf ein erotisch aufgekratzter und entsprechend verwirrter Hirschmann aus der Dickung tritt, um etwas für seine Vermehrung zu tun. Jerry schaut gelangweilt hin. Der Verkehr auf der Straße ist heute dünn. Nur selten hält mal einer zum Tanken. Dabei sind in letzter Zeit immer mehr Leute unterwegs. River-Rafter, Angler und Trail-Junkies – Leute, die auf alten Pfaden nach Spuren ihrer Geschichte suchen. Lowell gibt es nur, weil es diese Straße gibt, den Highway 12, der auch den Namen ***Lewis and Clark Highway 70*** trägt.

Lewis und Clark sind legendäre „Entdekker“, fest verankert in der Saga des Landes, und daher ist der Weg, den sie genommen haben, einer der geschichtsträchtigsten, sozusagen der Vater aller Trails. Dabei war ihre For-

Wildwest-Kulisse pur – Monument Valley

schungsreise von 1804 bis 1806 nicht mal besonders nützlich für die Besiedlung des Westens. Der Weg, meist zu Wasser, erwies sich wegen Strömung und Wasserfälle als zu schwierig für Siedler, die sowieso lieber im Planwagen reisten, nicht nur, damit sie das Tafelsilber mitnehmen konnten, sondern vor allem, um an ihrem Ziel mobil zu sein. Ein Wagen ist in einem Land so enorm weiter Wege und fehlender Infrastruktur überlebenswichtig. Zu Fuß kann man hier auch 200 Jahre nach Lewis & Clark nicht froh werden. Mobilsein ist für die Amerikaner quasi ein vegetativer Vorgang, wie Atmen oder Verdauen, ohne Fahrzeug zu sein dagegen sowas wie eine Körperbehinderung.

Heute ist die Lewis & Clark-Route eher etwas für Reisende, die weg von den großen Touristenströmen das ungeschminkte Amerika erleben wollen, ein bißchen schäbig und mit Lockenwicklern im Haar. Ich mag diese Wege abseits von Kommerz, Konsum und Kolonnen, wo ein Land noch sein darf, wie es ist, und nicht seine Seele für den schönen Schein verkauft. Allerdings ist das Lochsa-Tal nicht ganz so spektakulär wie etwa der Grand Canyon, aber gerade das macht den Trail so – Gnade wegen des Modewortes – authentisch.

Die einzigen Wege, die Lewis und Clark zur Verfügung standen, waren Flüsse sowie Indianer- und Büffelpfade. Das waren die ersten Trails des Kontinents. Die Bisons (sie werden auch „Büffel“ genannt, obwohl sie streng genommen gar nicht zur Büffelfamilie gehören) legten ein Wegesystem über beinahe den ganzen Kontinent, das zunächst von den Indianern genutzt wurde, dann von den Trappern, Händlern, Siedlern mit Planwagen, schließlich gar von Eisenbahn und Auto. Die mächtigen Tiere hatten dabei ganze Arbeit geleistet. Ihre Wege über Gebirge und durch Flüsse waren erstklassig planiert. Außerdem hatten sie einen sicheren Instinkt für die leichtesten Übergänge. Die gewaltigen Herden (oft Zehntausende von Tieren) zogen auf der Suche nach Gras, Salzlecken und Wasser mit einem Aktionsradius von bis zu 700 Kilometern permanent übers Land. Im Sommer nach Norden, im Winter nach Süden, aber auch mal nach West, mal nach Ost. Dabei immer in Schlangenlinien, denn Bisons können nicht gut geradeaus gucken. Städte wie Louisville/Kentucky oder Cincinnati/Ohio sind an großen Büffeltrails gebaut worden.

Der Osten der USA war damals schon einigermaßen zivilisiert. Dort lagen die dreizehn Gründerstaaten und die neueren Zugänge Kentucky, Tennessee, Indiana und Ohio, außerdem unorganisierte Gebiete bis zum Mississippi. Westlich davon lag Terra Incognita. Das waren keine weißen Flecken auf der Landkarte, es gab keine Landkarte. Man ahnte nicht mal, wie gigantisch dieses Land eigentlich ist.

Der Mississippi/Missouri war die ***Frontier***, eine der großen Mythen der Amerikaner. Eigentlich heißt es übersetzt einfach „Grenze“, es ist jedoch viel mehr: die Linie zwischen Zivilisation und Wildnis, zwischen Sicherheit und Gefahr, zwischen Hoffnungslosigkeit und strahlender Zukunft, zwischen Unterdrückung und Freiheit. Die Frontier lockt mit den Chancen, die dahinter liegen, man muß nur Mut, Tatkraft und Fleiß mitbringen, dann schafft man die amerikanische Heldennummer: Wohlstand, Eigentum, Unabhängigkeit, Ruhm und goldene Kreditkarten.

Lewis und Clark folgten dem Missouri nach Westen

Die Frontier hatte magnetische Anziehungskraft, verursachte das große Fernweh, dieses undefinierbare Kribbeln im Bauch, drüben, jenseits der Grenze, etwas Gescheites aus seinem Leben machen zu können, frei zu sein. Unter Freiheit verstanden sie, etwas nur für sich aufzubauen, ohne Landlords oder Bürokraten, und viele, reich zu werden. Der Geist der Frontier existiert noch immer wie ein Virus, professionell angeheizt von der Mythenindustrie der Medien, so daß noch heute der Westen subtil, aber unbarmherzig lockt, und sei es nur mit besserem Sonnenschein, besseren Surfwellen und besserem Sex.

Meriwether Lewis war 29, sein Freund William Clark 33, als sie Präsident Thomas Jefferson auf diese Entdeckungsreise in den unbekannten Westen des Kontinents schickte. Sie sollten ein Schnäppchen namens ***Louisiana Territory*** erkunden, das der Präsident unbesehen von einem Franzosen namens Bonaparte für vier Cents pro Acre (4047 qm) gekauft hatte. Der Deal gilt als bestes Grundstücksgeschäft aller Zeiten. Monsieur Napoleon befand sich im Krieg gegen den Rest Europas und brauchte Geld. Er wußte mit diesem ihm unbekannten Grundstück, das außerdem so unpraktisch weit weg lag, sowieso nichts anzufangen. Vermutlich ärgern sich die Franzosen noch heute, denn es handelte sich nicht nur um den aktuellen Bundesstaat Louisiana, sondern um einen Brocken Wildnis von 2,3 Millionen Quadratkilometer – fast ein Drittel der heutigen USA. Jefferson wollte wissen, ob der Missouri schiffbar war, um so einen leichten Weg zum Columbia River und dem Pazifik, das heißt nach Asien zu bekommen. Außerdem sollten sie nach Siedlungs- und Handelsmöglichkeiten schauen, etwa für Biberpelze. Biberhüte waren in Europa gerade modern bei Madame, auch die Chinesen liebten den weichen Pelz des Nagers und zahlten gut mit Gewürzen. Man tauschte bei den Indianern Schnaps und Nägel gegen Felle. Noch heute hat Oregon den Spitznamen ***Beaver-State***.

Das dreißig Mann starke ***Corps of Discovery*** von Lewis & Clark wäre ohne die noch gutgläubigen und hilfsbereiten Indianer, von denen die meisten nie zuvor einen Weißen gesehen hatten, nicht durchgekommen. Denn der Weg hin und zurück war immerhin 13 000 Kilometer und 28 Monate lang, sie nutzten die Trails der

Ureinwohner und hätten den harten Winter ohne Unterschlupf und Hilfe der Einheimischen vermutlich nicht überlebt.

Mit Führern und Pferden der ***Shoshonen*** querten sie die östlichen Rocky Mountains. Sie stießen nach Norden bis zum heutigen Missoula vor, bogen links ab und bezwangen den Lolo-Paß auf dem Lolo-Trail, einem von den Indianern viel benutzten Jagdpfad über die ***Bitterroot Range***. Dort wären sie – so klärt mich Jerry auf – beinahe verhungert und erfroren. Denn der Winter brach schon Mitte September mit einer Kaltfront herein, und sie mußten sich durch tiefen Schnee quälen. Vor Hunger töteten sie einige der gekauften Pferde, aßen sogar Kerzen, bevor sie ein Dorf von freundlichen ***Nez Perce***-Indianer erreichten, 20 Meilen entfernt von Lowell, „wie die Krähe fliegt“, brummelt Jerry, die Beine noch immer auf dem Hocker. Er meint Luftlinie.

Für Trail-Junkies ist die Strecke vom Lolo-Paß das aufregendste Stück des Trails. Allerdings nicht auf dem ***Lewis und Clark Highway*** das Lochsa-Tal hinunter, wie ich gefahren bin, denn das wäre nicht ganz korrekt. Die Expedition wählte einen Höhenpfad, weil Indianer in der Regel auf dem Grat der Berge unterwegs waren. Heute ist der ein schlechter Waldweg, den man bewandern, aber auch – wir sind schließlich in Amerika – mit einem Allradauto befahren kann.

Die öffentliche Wirkung der Lewis- und Clark-Reise war gewaltig. Sie hatten einen Weg zum Pazifik gefunden, wenn auch keinen optimalen. Und sie waren meist auf friedliche Indianer getroffen. Von daher drohte also keine ernste Gefahr. Sie brachten Skizzen mit, Landbeschreibungen, Pflanzen und Tiere, und vor allem bekamen die Amerikaner nun eine Idee davon, welche gewaltigen Ausmaße ihr Land eigentlich hat. Das versetzte die Menschen in Aufbruchstimmung und in das

Expeditions-Treck, Farblithografie von 1863

Gefühl, über unerschöpfliche Ressourcen zu verfügen. Die Vorstellung vom „Land der unbegrenzten Möglichkeiten“ wurde mit Lewis und Clark zur Grundstimmung.

Wandel durch Handel

Das Amerika meiner Kindheit lag auf einem anderen Planeten, denn dort war alles so komplett, anders als in unserem Dorf. Da las ich bei Karl May von merkwürdig gekleideten Menschen, die er „Apatschen“ nannte, sehr edel und tapfer, aber auch ständig in der Bredouille, außerdem von Büffeln der Prärie, nie jedoch etwas vom Büffeln der Hausaufgaben. Da liegt es auf der Hand, daß ich mir hier in einem der Prärieüberbleibsel am Highway 350, gleich hinter La Junta, Colorado, gewaltige Büffelherden vorstelle, die über dieses Grasland donnern, immer in Schlangenlinien, gejagt von ein paar befederten Apatschen, während da hinten am grünen Horizont dieser Zug mit hellblauen Planwagen rollt, mit roten Rädern und weißen, geschwungenen Cabrioverdekken, wie eine kleine Flottilla unter vollen Segeln. Ein toller Anblick.

Der Lastwagen des 19. Jahrhunderts hieß ***Conestoga***, kam aus dem Conestoga-Tal bei Lancaster/Pennsylvania und war so etwas wie ein ***Peterbilt***-Truck heute. Majestätisch und sehr robust. Er war eine Konstruktion deutscher Einwanderer, ziemlich groß, trug etwa drei Tonnen Fracht und hatte schräge Bordwände, damit sich die Ladung in der rumpeligen Prärie immer wieder selbst zentrieren konnte.

Die Conestogas – das nur am Rande – waren verantwortlich dafür, daß in Amerika Rechtsverkehr eingeführt wurde. Der Kutscher saß links auf dem ***lazy board*** (Faulenzerbrett), um den links angebrachten Bremshebel erreichen zu können und um mit der rechten Hand die Tiere zu führen. Für freien Blick bei Gegenverkehr mußte daher rechts gefahren werden.

Angetrieben wurden die Wagen von bis zu acht Ochsen, die den Nachteil hatten, daß sie sehr betulich waren. Ihre Vorteile waren Ausdauer und daß sie lecker schmeckten. Manche Händler bevorzugten jedoch mexikanische Maultiere, denn die waren schneller, allerdings auch störrischer, teurer, weniger appetitlich, und die Indianer waren ziemlich scharf darauf.

Pferde wurden dagegen fast nie als Zugtiere benutzt – anders als in den Wildwestfilmen. Pferde sind halt fotogener, rassiger, sportlicher, sexier. In modernen Filmen fahren die Akteure auch lieber im Porsche als im Lada durch die Gegend. Welcher Antrieb auch immer, der Verkehr auf dem ***Santa Fe Trail***, dem ersten internationalen Truck-Highway Nordamerikas, rollte. Der erste Schritt zur Dienstleistungsgesellschaft war getan.

Anfang des 19. Jahrhunderts endete die Welt der Amerikaner – trotz Lewis' und Clarks Entdekkungen – am Missouri. Westlich davon liegen die ***Great Plains***, weite, baumlose Ebenen, die zu nichts einladen, außer, den Tempomat auf 75 Meilen pro Stunde zu stellen, eine gute Kassette einzuschieben und sie hinter sich zu bringen. Daß es am anderen Ende ein gewaltiges, alpenartiges Gebirge gab, die Rocky Mountains, war nicht erst seit Lewis und Clark bekannt. ***Mountain Men*** bereisten das Gebiet schon lange und durchkämmten es nach Bibern. Sie brachten Felle mit und Übertreibungen. Sie berichteten von einer Stadt ganz im Süden der Berge, einer wunderschönen, reichen Stadt, in deren Umkreis 100 000 Menschen lebten, und damit meinten sie keine Indianer, denn die hatten nicht unbedingt den Status von Menschen. Die Leute dort seien verrückt nach Ware aus dem Osten. Das klang gut, denn das klang nach Dollars.

Reisen im Wilden Westen, Planwagentreck

Die sagenhafte Stadt war Santa Fe. Sie lag 1400 Kilometer vom Missouri entfernt, damals also ungefähr so weit weg wie der Mond. Es gab keinen bekannten Weg zu diesem staubigen Nest aus Lehmhütten, die man, wenn man nett ist, auch Adobe-Häuser nennen kann. In der Gegend lebten realistisch rund 30 000 Menschen, die tatsächlich Tuch, Handschuhe, Gürtel, Werkzeug, Bestecke, Porzellan, Uhren, Waffen und Planwagen brauchten. Ihre Situation war die: Sie wollten einkaufen, hatten auch Geld genug, aber – ***maldita!*** – es gab nichts. Sie fluchten auf spanisch, denn sie lebten in Neuspanien, so wurde die Kolonie Mexiko genannt.

Das war kaum 100 Jahre nach Columbus' erster Fahrt über den Atlantik. Ab 1493, seiner zweiten Reise, wurden die Eroberer stets von katholischen Missionaren in die Neue Welt begleitet. Die spanischen Monarchen rechtfertigten ihre Feldzüge gerne als Rettungsaktion heidnischer Seelen. Ausdrückliches Missionsziel war, den Indianern ihre Identität zu rauben, um den Weg für das Militär und nachrückende Siedler zu ebnen. Missionierung war wie die Grundierung beim Lackieren.

1610 gründete Don Pedro de Peralta ***La Villa Real de Santa Fe de Francisco de Assisi*** (die königliche Stadt des heiligen Glaubens von Franz von Assisi) als Provinzhauptstadt. Als Lewis und Clark gen Oregon zogen, existierte sie schon knapp zwei Jahrhunderte. Um die Kolonie fest ans Mutterland zu fesseln, verhängte die spanische Regierung ein Handelsembargo gegen die Vereinigten Staaten, von denen es erst 13 gab. Amerikanische und französische Trapper, die versuchten, in Santa Fe Ware zu verkaufen, landeten meist im Kerker.

1821 hatte ein junger Farmer und Geschäftsmann namens William Becknell im fernen Franklin am Missouri ziemlich weltliche Probleme. Er war pleite. Fünf Kreditgeber waren deswegen gerichtlich hinter ihm her. Kurz bevor der Sheriff ihn einbuchten konnte, machte sich Becknell mit einer Schar beladener Maultiere aus dem Staub, den Kompaß auf West-Südwest. Er wollte seine Ware im verbotenen Santa Fe verkaufen.

Becknell hatte unverschämtes Glück. Statt mit Fesseln wurde er in Santa Fe mit großem Hallo begrüßt, auch von der Exekutive. Wieder hatte Bonaparte seine Finger im Spiel. Er hatte 1807 Spanien besetzt, worauf die Spanier einen aufreibenden Guerillakrieg begannen, der sie so beschäftigte, daß sie sich kaum noch um die Kolonien kümmern konnten. Das nutzten die Mexikaner zur Revolution und Unabhängigkeitserklärung – kurz bevor Becknell in Santa Fe ankam. Natürlich wurde sofort das Handelsverbot aufgehoben.

Die Leute auf der ***Plaza*** rissen sich um Becknells Ware, und er kehrte nach fünf Monaten schwer beladen mit Silberdollars nach Franklin zurück, zahlte lokker seine Schulden und machte sich im nächsten Frühjahr wieder auf den Weg, diesmal mit Planwagen. Damit war der ***Santa Fe Trail*** geboren, denn wie das so ist im Musterland der Marktwirtschaft: Sofort folgten andere Geschäftemacher in den Südwesten. Die Profite lagen schließlich bei 600 Prozent.

Der ***Santa Fe Trail*** hatte nicht nur Längen, er hatte auch nervenaufreibende Fährnisse. Etwa das Getränkeproblem: Der kürzeste Weg nach Santa Fe ging über den ***Cimarron Cutoff***, der die 72 Tage lange Reise um zehn Tage verkürzte, allerdings den Nachteil hatte, daß es kaum Wasser gab. Als Becknell diese Abkürzung erstmals nutzte, wären er und seine Männer beinahe verdurstet. Sie schlachteten ihre Hunde, schnitten den Maultieren die Ohren ab, um deren Blut zu trinken, schossen einen Bison, um dessen Magensaft zu schlucken.

Die Bisons waren auch anderweitig nützlich und sorgten für Kurzweil. Die Frauen sammelten ihre Fladen, denn sie waren der einzige

Panne auf dem Santa Fe Trail, Wagon Mound

Brennstoff in dieser baumlosen Gegend, die Kinder ließen die Dinger durch die Luft segeln und erfanden dabei das Frisbeespielen. In den Männern verursachten die wuchtigen, zotteligen, aber arglosen Tiere dagegen einen Testosteron-Stau, der das Laden der Gewehre zur Folge hatte. Einen Bison zu töten wurde zum Macho-Ritual und zum populären Reisesport. Neben den Händlern und Siedlern waren plötzlich auch Freizeitjäger unterwegs, dazu kamen Profis, die Hörner und Felle der Tiere verkauften. Sinn des Massakers war, den Indianern die Lebensgrundlage zu rauben: Denn wenn sie nichts mehr zu essen hatten, mußten sie woanders hinziehen. Um 1900 waren von den einst 30 Millionen Bisons gerade noch tausend übriggeblieben.

Weil die Kiowas, Comanchen, Arapaho, Sioux, Apachen und Cheyenne jetzt begannen, sich zu verteidigen und Wagen und Jäger angriffen, wurde eine Alternativroute über die Berge gesucht und gefunden. Sie war zunächst allerdings nur für Maultierkolonnen ohne Wagen zu passieren. Die Hürde war der 2388 Meter hohe Raton-Paß, über den wir jetzt auf der Interstate 25 mit 65 Meilen pro Stunde brummen würden, wenn unser Ford F 250 Pick-up mit seiner 6,9-Liter-Diesel-Maschine nicht so tranig wäre. Es geht ihm zu sehr bergauf. Zu seiner Entschuldigung: Er hat ein gemütliches Campinghäuschen, Marke „Beaver" zu schleppen, mit drei Betten, Küche, Klo und kleiner Dachterrasse, auf der man sogar eine Matratze ausrollen kann.

Heute existiert nur noch der Freeway über den Paß, die Planwagenroute, die vom Militär eingerichtet wurde, ist nicht mehr zu besichtigen. Alles eingezäunt, abgezirkelt, weggesperrt, mit „No Trespassing"-Schildern gesichert. In Amerika ist Privateigentum – Privateigentum – Privateigentum. Das ist kein Spaß.

In Raton, gleich hinter Paß und Grenze zu New Mexico, gibt's ein zweites Frühstück für die müden Krieger. Wir nehmen die erste Abfahrt Richtung Downtown und umdribbeln geschickt die Ketten, deren aufgeständerter Schilderwald uns bereits von weitem grüßte. Es sind die Wolkenkratzer der Provinz: ***Burger King***, ***Pizza Hut***, ***McDonalds***, ***Kentucky Fried Chicken***, ***Motel 6***, ***Motel Super 8***.

Oh, das Essen dort ist okay, auch das Schlafen, aber ich kann mich hinterher nie richtig daran erinnern. Als wäre ich gar nicht dagewesen. Qualität wird irgendwie gegen Geschwindigkeit getauscht und „Fortschritt" gerufen. In diesen „Restaurant" genannten (der Begriff ist offenbar nicht geschützt) Pavillons wird man von kriminell unterbezahlten, aber dennoch irgendwie auf Lächeln getrimmten Servicekräften (die landesweit lustige Hüte tragen) mit einem freundlichen „May I help you?" angesprochen. Nach ungefähr fünf Sekunden plazieren sie mit den Worten „Have a nice day" eine offensichtlich auf dem Planeten Xorz produzierte, bunte, perfekt hygienische, mit Geschmacksverstärkern aufgepeppte Industrienahrung auf ein abgegriffenes Plastiktablett.

Wir steuern deshalb den ***Sweet Shop*** in Downtown an, ein Familienrestaurant, das wir hiermit empfehlen, was aber vermutlich vergebene Liebesmüh ist. Sieht so aus, als wären seine Tage gezählt. Zu weit weg vom Freeway, zu gutes Essen, zu altmodisch. Gar mit alten Panoramafotos aus den Pioniertagen dekoriert. Ich stand zehn Minuten staunend davor. Es ist ein riesiger Speisesaal, noch aus der Zeit, als es die Autobahn nicht gab und offenbar Busladungen abgespeist wurden. Der Stil ist späte fünfziger Jahre, mit grünen Karos und Blüten im beigefarbenen Teppichboden, scheußlichen Holzkronleuchtern und einer großen Vitrine am Kopfende, in der Trödel ausgestellt ist. Der Geschmack von Grandma.

Wir bestellen den ***All American Classic*** (Eier, Schinken, Bratkartoffeln), liebevoll mit Weintrauben und Honigmelone garniert, außerdem belegten French Toast, sehr lecker, denn er war selbstgebacken! Hier in diesem fossilen Lokal hat die Köchin einen wohltuend antiquierten Anspruch: Essen muß köstlich, frisch und reichlich sein. Die gute, alte Zeit eben.

„Breakfast in America"

Mitte der Dreißiger Jahre (wir sind wieder im 19. Jahrhundert) wurde die Region unruhig. Die Texaner begannen gegen die mexikanische Herrschaft in ihrem Land zu kämpfen, wobei Einheiten beider Seiten bis zum Santa Fe-Trail vordrangen. 1836 wurde Texas schließlich unabhängig und ein souveräner(!) Staat. Gleichzeitig kühlten die Beziehungen zwischen den USA und Mexiko auf Frosttemperatur ab, und die Amerikaner verlegten starke Truppenverbände in den Süden. Der Grund für soviel Streitmacht ist in einem Faltblatt der US-Regierung zur Geschichte nachzulesen: „Die Amerikaner wollten territoriale Expansion."

So annektierten US-Truppen in den Vierzigern Texas und überfielen 1846 Mexiko. Der Trail wurde zur Aufmarschroute. Widerstandslos fiel ihnen Santa Fe in die Hände und damit ganz New Mexico. 1848 wurde im Vertrag von Guadaloupe-Hidalgo Frieden geschlossen, Mexiko verlor durch diese Unterschrift etwa die Hälfte seiner Staatsfläche, denn die Amerikaner kassierten nicht nur New Mexico, sondern auch Arizona, Nevada, Utah (alles noch weitgehend unbekannte Gebiete) und vor allem Kalifornien. An die Indianer wurde selbstverständlich nicht gedacht. Den Grenzverlauf besorgte ganz einfach ein Lineal.

Da ist es kein Wunder, daß heute im Süden der USA soviel spanisch gesprochen wird. Verantwortlich dafür ist aber hauptsächlich die Einwandererwelle aus Lateinamerika. Für die Arbeits- und Chancenlosen aus den überbevölkerten Ländern Mittelamerikas ist ***Gringolandia*** das Ziel ihrer Träume. 1,5 Millionen ***Latinos*** dringen allein in Kalifornien Jahr für

Jahr illegal über die Grenze, rund 30 Millionen leben bereits in den USA. Damit verändert sich die Bevölkerungsstruktur des Landes. Nicht mehr die Schwarzen sind die größte „Minderheit" im Lande, sondern die Latinos. Los Angeles und Miami sind inzwischen überwiegend spanisch sprechende Städte geworden. Der mexikanische Schriftsteller Carlos Fuentes frohlockt über diese Entwicklung und spricht vom „Imperialismus der Chromosomen".

Plaza und St. Francis-Kathedrale, Santa Fe

The City Different

1880, als die Eisenbahn erstmals in die Stadt fauchte, starb auch der Santa Fe Trail still und leise. Die Santa Fe Railroad existiert noch immer, doch der alte Bahnhof der Stadt ist nur noch eine Bedarfshaltestelle. Ab und zu kommt ein Güterzug, manchmal auch ein Touristen-Museumszug.

Damit wird es Zeit, daß ich Santa Fe vorstelle, diesen Dreh- und Angelpunkt der Trails, angefangen mit dem alten Marktplatz, der berühmten, baumbestandenen „Plaza", auf der vor 150 Jahren die Maultierkarawanen und Ochsengespanne vom Missouri mit Jubelgeheul und Freudenböllern begrüßt wurden. Die Häuser sind im Prinzip die von damals. Zimtbraune, weich geformte Adobe-Bauten, meist zweigeschossig mit niedrigen Decken. Auf Höhe der Zwischendecke und am Dach stoßen rissige Kiefernstämme durch die Lehmwände, gleichmäßig in Reih' und Glied. An der Südost-Ecke steht das grotesk verwinkelte und mit fünf Stockwerken höchste Gebäude der Plaza, das uralte Hotel ***La Fonda***. Draußen unter den hölzernen Arkaden sitzen stoisch die Indianer vom Stamm der ***Pueblos***, die so heißen, weil sie schon damals seßhaft waren, denn ***Pueblo*** bedeutet „Dorf" oder auch „Volk". Sie verkaufen Türkisschmuck, Schnitzereien, Keramik und Webwaren. Die Pueblos tragen umgoldete GucciSonnenbrillen aus China, Daunen- oder Gore-Tex-Jacken sowie Moonboots. Das erschien mir zunächst verwunderlich im ewigen Sommerland unserer Phantasie, aber es ist Januar und Santa Fe wird dann zum Basislager für die nahen Skigebiete.

4000 Künstler leben in der Gegend, Hunderte von Galerien und Museen laden zur Entdeckungsreise ein. Allerdings sorgen weniger die Touristen für Umsatz, professionelle Kunsthändler aus aller Welt schwärmen durch die Sammlungen. Aus dem einstigen Drehkreuz mehrerer Handelstrails wurde ein Marktplatz des Kunsthandels. Die Stadt mit 60 000 Einwohnern hat nach New York den zweitgrößten Kunstmarkt der USA.

Verglichen mit anderen Trail-Bahnhöfen wie Independence, Portland oder St. Louis ist Santa Fe eine malerische Stadt. Und wer einmal Touristenfallen wie Gatlinburg in den Smoky Mountains erlebt hat, weiß die Hauptstadt New Mexicos zu schätzen. Aber irgendetwas scheint faul zu sein in dieser rausgeputzten Stadt.

Die Häuser an der ***Plaza*** bestehen zwar aus den Steinen von damals, doch die werden nur noch als Hülle benutzt. Sie sind Teil eines touristischen Systems geworden, das Reisegrund und -vollzug in sich selbst birgt, ähnlich wie Disneyland. Wir Fremden bewegen uns dabei im geplanten Umfeld. Viele Touristen kommen nicht mehr, um andersartige Völker zu finden, wir kommen, um die für uns geschaffene Infrastruktur zu finden. Kontakte beschränken sich auf Menschen, die darin arbeiten, Andenkenhändler, Kunstgewerbler, Hoteliers, Gastronomen, Museumspersonal, Indianer mit ambulanten Ständen auf einer Plaza. Vielleicht geht es ja nicht anders. Die Gegend hat eine aufregende Geschichte (bei dem Geschichtsdefizit der Amerikaner unbezahlbar), sie hat eine einzigartige Architektur, und es gibt die totale

Mobilität. Also strömt alle Welt hin. Die vielen Besucher wollen bedient sein. Daher wurde Santa Fe – ähnlich wie bei uns Rothenburg ob der Tauber – so schick herausgeputzt. Auch die neueren Bauten sehen nach traditionellem Adobe aus, obwohl darunter oft nur Gips und Beton stecken.

Santa Fe, ***The City Different***, obgleich wirklich anders als andere US-Städte, paßt im Kern genau ins Schema amerikanischer Fassade, in der Weltzentrale von Show und Styling perfekt inszeniert. Motto: mehr Schein als Sein. Das fing schon in den frühen Kleinstädten an (eindrucksvolle Backsteinhäuser mit übergroßen, verzierten Fassaden, Attrappen, hinter denen billige, schmucklose und viel kleinere Quader versteckt wurden), ging über Autos (chrombeladene Straßenkreuzer mit Lastwagenmechanik darunter), Häuser (ein Texaner: „Let's face it, it's all cardboard" – Seien wir ehrlich, es ist alles Pappe), Leuchtreklamen (Paradebeispiel Las Vegas: Achtstöckige Lichttürme für ein einstöckiges Casino), Speisekarten (die blumigste Sprache der Welt für ein geschmackloses Gericht)...

„Der Stil ist es, der einem so auf die Nerven geht; technologische Häßlichkeit kaschiert mit romantischer Verlogenheit zur Erzielung von Schönheit und Profit von Leuten, die obzwar stilbewußt, nicht wissen, wo sie anfangen sollen, weil ihnen nie einer gesagt hat, daß es auf dieser Welt so etwas wie Qualität gibt und daß sie echt ist, nicht stilisiert", beklagt der amerikanische Schriftsteller Robert Pirsig in seinem Kultbuch ***Zen und die Kunst ein Motorrad zu warten***.

Trails zum Kopfbahnhof

Green River / Colorado River, Canyonlands NP

In der Geschichte der Vereinigten Staaten war er zwar nicht der wichtigste, er lag schließlich gar nicht in den Vereinigten Staaten, aber landschaftlich mit Abstand der großartigste Trail. Obwohl der Maultierpfad von Santa Fe nach Los Angeles ***Spanish Trail*** genannt wurde, führte er während seiner Boomzeit von 1826 bis 1848 noch durch Mexiko.

Die spanischen Conquistadoren hatten die Pazifikregion ***California*** getauft. Namensgeber war der 1510 von García Ordóñez Montalvo geschriebene und damals überaus populäre Roman ***Las Sergas de Esplandian***, in dem der Autor von einem Inselparadies namens California phantasierte, das nicht nur voller Gold steckte, sondern auch von schönen schwarzen Frauen bewohnt wurde. Auch dieses California am Pazifik war bis dahin wie eine 'Insel' nur per Schiff zu erreichen, überland war es von Wüste und Hitze abgeriegelt. Wer das schaffte, hatte die Aufnahmeprüfung in den ***Easy-going-business-happiness-State*** bestanden. Das heißt: Eigentlich war es damals ein unschuldiges Land wie jedes andere, und wenn dahinter noch eins gewesen wäre, hätte es die Siedler in ihrem Westschwung auch dorthin getragen, und Kalifornien wäre noch immer ziemlich bedeutungslos. So wurde es aber der Kopfbahnhof des Kontinents und hat den Stau. Mit 30 Millionen ist es der bevölkerungsreichste Staat der USA.

Der Colorado River war das große Hindernis auf dem Weg zum Pazifik. Ohne ihn hätten die Pioniere nur stracks nach Westen reiten müssen, durch 1100 Kilometer Sand, Klapperschlangen und Monotonie. Wegen des Colorado mußten sie jedoch einen 1800 Kilometer langen, dafür aber phantastischen Umweg nach Norden machen. Bis hoch zu dem heutigen Städtchen Moab in Utah, wo eine Furt über den berühmten steinfräsenden Fluß führte.

Ohne den Colorado wäre Amerika allerdings nur halb so interessant. Schon Theodore

Roosevelt sagte über den Grand Canyon: „Laßt ihn, wie er ist, er ist nicht zu verbessern.“ Aber auch die Schluchten nördlich vom Grand Canyon sehen so unirdisch aus, als wären sie von einer Hollywoodproduktion übriggeblieben und nicht aus dem Stein geschabte reine Natur von Mister Colorado und seinen Freunden Wind und Regen. Damit sie so bleiben, hat sie die Regierung in zahlreiche Nationalparks verwandelt, die wie Jerry's Hirschpfeifen eine ungeheure Verlockung sind: „Hier liegt was ganz Besonderes“, ruft uns der grüne Fleck auf der Landkarte zu, „das ist amtlich!“

Auf diese Weise haben sich die Amerikaner ein Problem geschaffen. Dreihundert Millionen Menschen besuchten 1995 die US-Nationalparks, drei Millionen allein den Zion Nationalpark, macht grob gerechnet eine Million Autos. Dabei halten sich viele Touristen nicht mal eine Stunde in einem Park auf. Sie kommen, knipsen, pinkeln und fahren weiter zum nächsten ***Highlight***. Abgesehen vom Stöhnen der Ranger, denen 'ihre' Natur leid tut und die einen Wald von ***No***-Schildern pflanzen mußten, erfreut das auch den Reisenden nicht. Stau kommt im Konzept vom Paradies eigentlich nicht vor.

Dabei gibt es in der Region auch öffentliches, nicht von Parkverwaltungen vereinnahmtes Land, so schön, daß es anderswo als nationale Sensation gelten würde. Hier aber wird es kaum beachtet, weil es nicht dieses Nationalpark-Gütesiegel trägt, es keine bunten Broschüren, Klos und Verbote gibt. Ich denke da an die ***Poison Spider Mesa*** gleich bei Moab, auf dem ich das Nachtlager aufschlug – mit Blick auf ein geripptes Felsmassiv, das wie das Skelett eines riesigen Dinosauriers daliegt. Und ich denke an die Escalante-Region mit ihren Schluchten, Steinbögen und ***Slot Canyons*** – das sind ganz enge Einschnitte, die das Wasser handschmeichlerglatt geschmirgelt hat.

Nichts als Glitzer am Strip, Las Vegas

Dieser Fluß auf der Westseite des Colorado war etwa der Wendepunkt für Francisco Silvestre Vélez de Escalante und Atanasio Domínguez, zwei Franziskanermönche, die 1776 als erste in Santa Fe loszogen, den Weg nach Kalifornien zu finden. Erst fünfzig Jahre nach den Mönchen hat es der Trapper Jedediah Smith bis Los Angeles geschafft, also fünf Jahre, nachdem sich William Becknell in Santa Fe zum erstenmal wie Dagobert Duck gefühlt hatte.

Danach trabte der Verkehr auf dem ***Spanish Trail***. Da er für Wagen nicht geeignet war, konnten nur Packtiere die Ware transportieren, jedes mit 150 Kilo beladen. Es gab bald Pack-Trains, eine Meile lang, und von Treibern in Reih' und Glied gehalten. Zweieinhalb Monate dauerte der Weg, ***one way***.

Heute dient die Route quasi als Zubringer für einige der spektakulärsten Nationalparks der USA: Grand Canyon, Monument Valley, Lake Powell und Canyonlands, Arches National Park, Capitol Reef, Bryce Canyon, Zion National Park und die Mojave-Wüste, sie alle liegen an diesem Trail.

Die Durchquerung dieser gefürchteten Wüste begann mit der ***Jornada***, einer 80 Kilometer langen, wasserlosen, brutheißen Etappe. An deren Ende wartete ein Wunder: üppige Wiesen, Bäume und zwei sprudelnde, warme Quellen. Wegen der Wiesen nannten es die Spanier ***Las Vegas***. Das klare Wasser war für Mensch und Tier das Paradies. Heute wird es immer noch als solches verkauft, und das einzige, was sprudelt, ist Geld. Meist nicht in die Taschen der Besucher, denn dem System der Stadt ist keine persönliche Glücksfee gewachsen. 1995 verspielten die Besucher hier 5,7 Milliarden Dollar, in allen Casinos des Landes zusammengenommen gaben die Amerikaner 40 Milliarden aus, mehr als für Bücher, Kino, Video und Theater zusammen.

Die Quellen in Las Vegas wurden inzwischen für die Wasserversorgung gekappt. Sie sind freilich nur ein Tropfen auf den heißen Stein. Allein an der Ecke ***Tropicana*** und ***Strip*** entstanden drei neue Mammut-Hotels mit 12 000 Zimmern – mehr als es in ganz Hamburg gibt. Um alle Badewannen und Pools der Millionenstadt zu füllen, mußte der Colorado-River angezapft werden, der 40 Kilometer östlich zum ***Lake Mead*** aufgestaut worden ist.

Los Angeles war damals immer noch viele Durststrecken weit entfernt, auf denen es alle möglichen ungesunden Flüssigkeiten zu trinken gab. Die Berichte von damals verwendeten die Worte stinkend, ekelerregend, bitter, seifig, schwefelig. Die Durchquerung der Mojave-Wüste im Sommer unter der wie Chili brennenden Sonne des Südwestens war die letzte und gemeinste Prüfung vor der Eintrittskarte zum ***Sunshine State***.

1848 war der Trail wieder passé. Mit dem Vertrag von Guadaloupe-Hidalgo, als das gesamte Gebiet von den USA übernommen wurde, nahmen die Händler lieber den nördlichen Weg über den von Planwagen befahrbaren ***California Trail***.

Der Königsweg

Zur Zeit des ***Spanish Trails*** gab es in Kalifornien nur einen weiteren bedeutsamen Trail, den ***Camino Real***, einen Missionspfad, der von Cabo San Lucas an der Südspitze von ***Baja California*** (heutiges Mexiko) bis nach San Francisco reichte. Der Camino Real verdankt seine Entstehung politischen Interessen der Spanier. Da Sir Francis Drake bereits 1579 die Küste erkundete, fürchtete die spanische Krone, das extrem isolierte Land an die Engländer zu verlieren. Da sich kaum Siedler fanden, wurden Jesuiten, Dominikaner und Franziskaner die Pazifikküste hinaufgeschickt. Ihr erster

Mission San Gabriel, Los Angeles

Missionsort in der heutigen USA war 1769 San Diego de Alcalá (heute San Diego). Später wurden als koloniale Vorhut weitere 20 Stationen gebaut, u. a. Santa Barbara, San Gabriel Arcángel oder San Juan Capistrano. Die Missionen wurden von den ansässigen Indianern in Zwangsarbeit errichtet und dienten vor allem dem Zweck, sie zu christianisieren und zu untertänigen Leibeigenen zu erziehen. Dagegen war ***El Pueblo de Nuestra Señora la Reina de los Angeles de la Porciùncula*** – was auf keine Einreisekarte der Immigrations-Behörde gepaßt hätte und glücklicherweise auf ***Los Angeles*** (die Engel) gestutzt wurde – keine Missionsstation. Das Dorf mit dem sakralen Namen wurde am 4. September 1781 von vier Soldaten und zwölf Siedlerfamilien gegründet, genau dort, wo sich heute die Wolkenkratzer ballen.

Los Angeles tat sogleich das, was es am besten kann, nämlich wachsen. 1845 wohnten schon 1250 Leute dort. Es war die größte Siedlung Kaliforniens, als es nach dem Vertrag von Guadaloupe-Hidalgo in die USA eingemeindet wurde. Heute leben im Großraum 16 Millionen, die für den Rest der Welt ein total freiwilliges Testprogramm absolvieren, Thema: „Wieviel Auto verträgt der Mensch?“ Dazu wurde der überwiegende Teil der Erdoberfläche zum Herumfahren und Parken betoniert (vermutlich kann man Los Angeles ausschließlich über Parkplätze durchqueren), es wurden Verkehrsregulierungsprogramme erfunden, etwa ***Car Pool***-Spuren, die nur benutzt werden dürfen, wenn mehr als eine Person im Auto sitzt. Und es wird untersucht, wie die Menschen auf diese Programme reagieren (böse Zungen sagen, daß sie einander auch erschießen). Es wird außerdem gemessen, wieviel Lärm und dicke Luft unser Organismus aushält und wie viele Abgasbestimmungen erlassen werden können, ohne daß Auto-Ingenieure Harakiri begehen.

Seit 50 Millionen Jahren modelliert die Natur am Bryce Canyon, Utah

Der „Landscape Arch" trotzt
92 Meter der Schwerkraft,
Arches National Park, Utah

„Delicate Arch" – der Arches National Park lag unmittelbar am alten Spanish Trail

Spuren des Santa Fe Trails auf der Cimarron Ranch bei Springer, New Mexico

Fort Union, New Mexico
Aus der Luft sind die
Spuren des Santa Fe Trails
besonders gut zu erkennen.

Dave, Julia und Brendon nach einem „Cattle Drive" auf der Cimarron Ranch, N.M.

Tankstelle in Model; der einsame US-350 folgt der „Mountain Route", Colorado

Das Branding der Rinder ist immer noch Tradition auf der Cimarron Ranch, N. M.

nach einem anstrengenden Job der gemeinsame Lunch

Die mehrstöckigen Adobebauten von Taos Pueblo sind seit 800 Jahren bewohnt, N. M.

Moderne Version des Adobehauses: die „Earthships" des Architekten Reynolds, Taos

Dan Coonce auf seiner Tour across America, Taos, New Mexico

James Douglas, der Newspaper Man von der Plaza in Santa Fe

Lewis and Clark Trail

Geschichte

Knapp 20 Jahre nach der Revolution gegen die englische Krone schickte der dritte Präsident der Vereinigten Staaten, Thomas Jefferson, eine Expedition in den unbekannten Westen, um die von Frankreich erworbenen Ländereien zu erkunden. Pläne für eine solche Expedition existierten allerdings schon vor dem *Louisiana Purchase*, denn Jefferson hatte zuvor über Geheimdiplomatie vergeblich bei der spanischen Regierung um Genehmigung für eine solche Expedition angefragt.

Der Präsident beauftragte für die Leitung dieser gewagten Unternehmung seinen kaum 29jährigen Privatsekretär Meriwether Lewis, der wiederum seinen ehemaligen Vorgesetzten William Clark (33) als Partner wählte. In Crashkursen eigneten sie sich medizinische Grundlagen, Geografie und Orientierung nach Sternen an. Als Fachleute waren Bootsbauer, Jäger sowie Zimmerleute im Team. Und auch Clarks schwarzer Sklave Ben York spielte als Kommunikator eine wichtige Rolle.

Am 14. Mai 1804 brach das *Corps of Discovery* mit drei Booten von *Camp Wood* am Zusammenfluß von Missouri und Mississippi auf. Acht Tonnen Lebensmittel, 175 Pfund Schwarzpulver samt Gewehre hatten sie an Bord, 30 Gallonen Whiskey und sogar eine tragbare Schmiede. Daneben jede Menge Gastgeschenke wie Angelhaken, Ledernadeln, Ferngläser, Tabak, Scheren.

Captain Lewis und Captain Clark erwiesen sich nicht nur als umsichtige Führer, sie erkannten auch – im Gegensatz zu vielen ihrer Zeitgenossen und getreu den Zielen der Aufklärung – die Indianer als Gleichberechtigte an. Nicht aus Schwäche, denn sie vermieden sogar in ihren Tagebüchern den üblichen Begriff „Sauvages" ('Wilde').

Schild bei Jefferson, Missouri

Route

Zahllose Berufs- und Amateurhistoriker haben seitdem versucht, mit Hilfe dieser Aufzeichnungen die genaue Route und die Rastplätze der Expedition zu lokalisieren. Das war schwierig. Denn außer ihren Tagebüchern hinterließen die Forscher (vier Fünftel der Strecke legten sie auf mittlerweile durch Staudämme veränderte Flußwege zurück) kaum Spuren.

Camp Wood liegt nur ein paar Meilen nördlich von St. Louis, wo man im *Museum of Westward Expansion* (unmittelbar unter dem *Gateway Arch*) die ersten Grundlagen vermittelt bekommt. Hier wie auch im *Lewis and Clark Center* im nahen St. Charles kann man Literatur und Karten zum Thema erwerben. Der *National Park Service* hat ein hervorragendes Informationsblatt mit Karte veröffentlicht, in dem die wichtigsten bekannten Punkte beschrieben sind. Aber erwarten Sie keine Sensationen. Es sind meist Hinweisschilder, Schautafeln und bronzene Denkmäler der Helden, die beweisen, daß man irgendwo gerade ihren berühmten Spuren folgt.

Auf den ersten 200 Meilen von St. Louis durch den Bundesstaat Missouri bis *Sedalia* kann man dies sogar mit dem Fahrrad tun. Auf dem Schotterbett der 1986 stillgelegten Bahnstrecke der *Missouri-Kansas-Texas-Railroad* (im Volksmund *Katy* genannt) entstand ein bequemer durchgehender Fahrradweg entlang des Missouris.

Das Forscherteam verbrachte den ersten Winter in North Dakota, nördlich vom heutigen

Bismarck, in *Fort Mandan*. Dort stieß auch Toussant Charbonneau, ein erfahrener französischer Trapper, und *Sacagawea*, seine Frau vom Stamm der Shoshonen, zur Expedition. Beide sprachen mehrere Indianerdialekte und hatten am Erfolg der Expedition einen großen Anteil.

Die Fahrt gegen den Strom war extrem kräftezehrend, denn die Boote mußten meist getreidelt (vom Ufer aus gezogen werden), und im Fluß treibende Baumstämme bildeten eine ständige Gefahr. Allein drei Wochen waren nötig, um die Boote samt Ladung über 18 Meilen um die Wasserfälle der *Great Falls* zu schleppen.

Schönster Abschnitt (für uns heute) ist zweifellos die Überquerung der kontinentalen Wasserscheide durch die *Bitterroot Mountains* im heutigen Idaho. Für das Expeditionskorps war es die härteste Etappe, denn die steilen Gebirgsketten mußten im tiefen Schnee bezwungen werden. Hinter dem *Lemhi Pass* flossen nun alle Bäche nach Westen, aber der *Salmon River* erwies sich als unbezwingbar. So folgte die Expedition mit von den Shoshonen gekauften Packpferden einem alten Jagd- und Handelspfad der Indianer, dem *Lolo Trail*.

Kommt man von Missoula, sucht sich die US-12 den gleichen Weg über den *Lolo Pass* wie damals die Entdecker. Am *Lolo Pass*, an der Grenze zwischen Montana und Idaho, gibt es für uns Automobilisten ein *Visitor Information Center*, und ab White Sand kann man dem Trail auf einer kleinen Schotterstraße bis zum *Clearwater River* folgen. Denn in den 30er Jahren wurde im Rahmen der Arbeitsbeschaffungsmaßnahme des CCC *(Civilian Conservation Corps)* die sogenannte Forest Road 500 entlang der historischen Route gebaut. Diese Schotterstrecke (für Wohnmobile nicht geeignet) bietet einen bequemen Zugang zum Trail, durch den Bau wurden leider einige originale Abschnitte des Pfades wegplaniert.

sas City
St. Louis
Jefferson City

Lewis and Clark-Expedition

Schon die Namen der von Lewis und Clark beschriebenen Camps verraten, wie's um sie stand. Zum Beispiel, wo sie nichts zu essen hatten (*Hungry Creek*), wo es wieder reichlich zu essen gab (*Full Stomach Creek*), wo es mal wieder nur Brühwürfelsuppe (eine Erfindung jener Zeit) gab (*Portable Soup Camp*), wo sie mit den Indianern die Friedenspfeife rauchten (*The Smoking Place*) oder schließlich am Clearwater River aus Baumstämmen ihre Kanus fertigten: *Canoe Camp*.

Mit diesen primitiven Kanus erreichten sie über die gefährlichen Stromschnellen des *Snake River* und des *Columbia River* im November 1806 den Pazifik. In der Nähe des heutigen Astoria überwinterten sie vier naßkalte Monate in *Fort Clatsop*. Dies restaurierte Fort ist ein geeigneter Ort, um sich über diesen bahnbrechenden Trail zu informieren. Dokumente, Lehrpfade, Baumkanus und tägliche Vorführungen bringen uns verwöhnten Trailtouristen die Gefahren und Leistungen dieser Entdeckungsreise näher.

Von ihrem Winterquartier erkundeten die Forscher die Küste nördlich des Columbia River und nach Süden bis zum *Cannon Beach*. Der Ecola State Park bietet eine 8 Meilen lange Wanderung auf historischen Spuren zum *Tillamook Head*. Die Abenteurer betrachteten die wilden Strände der Westküste damals mit anderen Augen als wir heute. Vor allem hofften sie damals, ein Segelschiff zu sichten, das sie zurück nach Hause bringen könnte. Vergebens.

Am 23. März 1806 brach das 33 Mann starke *Corps of Discovery* zum Heimweg auf. Zunächst mit Booten und ab The Dalles mit Packpferden. The Dalles spielte später als Fährhafen für die Oregon-Siedler eine große Rolle.

Die einst gefürchtete *Columbia Gorge* ist heute bequem mit dem Wagen zu erkunden. Vermeiden Sie allerdings die I-84 und fahren Sie lieber auf der schmalen US-30, die hier *Crown Point Highway* heißt. Dann verpassen Sie nicht so spektakuläre Wasserfälle wie die *Multnomah Falls*. In Cascade Locks kreuzt auch der *Pacific Crest Scenic Trail*. Einen Rucksack, Vorräte und Wanderausrüstung vorausgesetzt, können Sie auf diesem transkontinentalen Wanderweg ein paar Tage bis zum *Mount Hood* vordringen, bis zur alten *Barlow Road*, dem schwierigen Landweg, den die Oregon-Trailer als Alternative zu den gefährlichen Stromschnellen des *Columbia River* nahmen.

In der Nähe von Missoula teilte sich die Expedition im Juli 1806 in zwei Gruppen. Lewis wählte eine Route nach Osten durch das Gebiet der Blackfoot-Indianer, Clark führte seine Leute nach Südosten bis Three Forks und von dort über Indianerpfade zum *Yellowstone River*. Sie trafen sich – wie verabredet – an der Mündung des Yellowstone in den *Missouri River*. Klingt heute selbstverständlich. Und am 23. September gegen Mittag erreichten sie nach 8000 Meilen und 28 Monaten St. Louis.

Die beiden Führer wurden hoch geehrt, doch das brachte nicht nur Glück. Lewis wurde zum Gouverneur des Territoriums von Louisiana ernannt. Er machte Schulden, verfiel in tiefe Depression und starb 35jährig auf dem *Natchez Trace* einen ungeklärten Tod. Clark stemmte sich als Beauftragter für Indianerangelegenheiten verzweifelt und vergeblich gegen die Offensive seiner weißen Landsleute. Er setzte sich für die Einhaltung der mit den Ureinwohnern geschlossenen Verträge ein und verlor auch aus diesem Grund 1820 die Wahlen für das Amt des Gouverneurs von Missouri.

Kontaktadressen und Literaturhinweise erhalten Sie auf den Info-Seiten 196–199.

Santa Fe Trail

Geschichte

Als Anfang des 19. Jahrhunderts die *Western Frontier* der Vereinigten Staaten den Missouri erreichte, konnte Santa Fe, die Provinzhauptstadt Neuspaniens, schon auf eine 200jährige Geschichte zurückblicken. Seit dem 17. Jahrhundert versuchten die Franzosen, mit Santa Fe Handel zu treiben, aber ihre Händler wurden immer wieder ins Gefängnis gesperrt, die Waren konfisziert.

Mit der mexikanischen Revolution 1821 und der Unabhängigkeit Mexikos von der Kolonialmacht Spanien fielen die Handelsbarrieren gegen die „Anglos" im Norden. Noch im selben Jahr brach der Spekulant William Becknell von Franklin/Missouri zu einer ersten Maultierkarawane entlang der *Mountain Route* zum nördlichsten Handelsposten Mexikos auf. Auf ihrer zweiten Expedition wählten die Planwagen die „Wüstenroute" oder *Cimarron Route*. Astronomische Profite lockten rasch Konkurrenten mit Planwagen auf den Trail, und binnen kurzer Zeit etablierte er sich als der wichtigste 'Truck-Highway' seiner Zeit.

Bis zu zwölf Ochsen, später auch Maultiere, zogen die schweren hochrädrigen *Conestoga*-Planwagen, die sich in bis zu vier parallel laufenden Kolonnen bewegten. Bei Überfällen von Banditen oder Indianern konnten die Kolonnen in kurzer Zeit zu Wagenburgen zusammenfahren.

Die Trecks benötigten für die 1440 Kilometer lange Strecke bis Santa Fe zwischen 50 und 60 Tage. Auf dem Rückweg nach Missouri wurden die Waren meist auf Maultieren

Ralph's Rüts, Spüren bei Chase

transportiert, da Wagen und Ochsen mit gutem Profit in Santa Fe verkauft werden konnten. Gehandelt wurde unter den Arkaden der *Plaza* von Santa Fe, einem zentralen Drehkreuz. Hier endeten auch der *Gila Trail*, der *Spanish Trail* (der im Bogen nordwestlich bis Los Angeles führte) und der *Old Chihuahua Trail* (wurde ebenfalls *Camino Real* genannt), der über Chihuahua bis hinunter nach Mexico City führte.

Die kürzere Route durch die *Black Mesa* und über Cimarron hatte nicht nur unzuverlässige Wasserlöcher, sie war auch der gefährlichste Abschnitt des Trails. Diese Route verlief quer durch die Jagdgründe der *Comanchen, Cheyenne* und *Arapahoe*, die den weißen Eindringlingen zunehmend feindlich gegenüberstanden. Aus verständlichen Gründen, denn die Büffelherden, ihre Lebensgrundlage, wurden von den Weißen binnen weniger Jahre systematisch vernichtet mit dem erklärten Ziel, die Prärienomaden auszuhungern und zu vertreiben.

Für die Händler und Siedler aus dem Osten bot die 100 Meilen längere *Mountain Route* deshalb mehr Sicherheit, ihr größtes Handicap waren jedoch die Pässe, vor allem der 2387 Meter hohe *Raton Pass*. Erst als diese Bergpässe 1846 (u.a. auch aus militärischen Gründen) für Planwagen befahrbar gemacht waren, setzte sich diese Route durch. Zum Schutz des Handels und um ihre Invasion in Mexiko im Jahre 1846 abzusichern, baute die U.S.-Armee eine Reihe von Militärposten entlang des Trails, u.a. Fort Union (1851) und Fort Larned (1860).

Mit den stählernen Schienensträngen konnten die staubigen und morastigen Wagenspuren allerdings nicht konkurrieren. 1880, mit der Ankunft des ersten Dampfzuges, wurde der *Santa Fe Trail* nach 60 Jahren quasi über Nacht zur Geschichte.

Route

Heute wird der *Santa Fe Trail* als historischer Trail gepflegt; Spuren und Orte sind zuweilen mit fast 100 Jahre alten *historic markers* aus poliertem Granit gekennzeichnet, in der Regel aber durch Metallschilder mit der Aufschrift *Santa Fe National Historic Trail* und dem Symbol eines von Ochsen gezogenen Conestogas.

Ursprünglich waren die Handelszüge von Franklin aus gestartet, nach 1828 verlagerte man den Beginn des *Santa Fe Trails* und anderer Trails nach Independence und Westport

Landing, dem heutigen Kansas City. Das *Frontier Trails Center* in Independence ist deshalb als Ausgangspunkt einer Trail-Reise bestens zu empfehlen.

Von Kansas City begleitet der HWY 56 den *Santa Fe Trail* bis Dodge City und Fort Dodge. Council Grove war einer der wichtigen Verpflegungspunkte der Route. In *Hays House*, einem restaurierten Handelshaus unmittelbar am historischen Trail, kann man heute den Lunch einnehmen. Ansonsten sind Überreste des Trails in den Städten selten. Nur dort, wo nicht gepflügt wurde, sind noch die Spuren (*ruts*) der Planwagen deutlich zu erkennen. Eine der schönsten „ruts" befindet sich auf einer Farm vier Meilen westlich von Chase. *Ralph's Ruts* heißen die sieben parallel verlaufenden Wagenspuren. Benannt nach dem Eigentümer der Wiese: Farmer Ralph Hathaway.

Fort Union am Santa Fe Trail

Kaum 40 Meilen westlich liegt Fort Larned, das als klassisches Frontier Fort wiederaufgebaut wurde, mit Sandstein- und Holzbauten wie Hospital, Baracken, Schule und Gefängnis, die sich um den Paradeplatz und den Flaggenmast gruppieren. Ein Visitor Center gibt es natürlich auch.

175 Jahre nach der Geburt des *Santa Fe Trails* ist es im klimatisierten Automobil schwierig, die Strapazen und Gefahren dieses Handelswegs nachzuvollziehen. Statt eines „Ozean aus Gras" begleiten heute Wassertürme und Getreidesilos den Reisenden durch die Weite des Westens. Und Dodge City, einst die „Hauptstadt der Cowboys und Pistolenhelden", ist heute von riesigen Schlachthöfen umgeben. Kurz vor Dodge City weist ein Schild auf einen Aussichtspunkt hin. Wer Prärie erwartet, wird enttäuscht, der Blick geht über gigantische *Feed Lots*, in denen im Freien über 50 000 Rinder gemästet werden.

Hinter Dodge City folgt die US-50 der *Mountain Route* bis nach La Junta, wo man ihr auf der US-350 und später der I-25 bis nach New Mexico folgt. Auf dieser Route lohnt ein Abstecher zur *Bent's Old Fort National Historic Site* (es wurde als Handelsfort rekonstruiert). Hinter La Junta führt die einsame US-350 durch das *Comanche National Grassland*. So muß Prärie einmal ausgesehen haben! In Model, einer Ortschaft, die eigentlich nur auf der Straßenkarte existiert, stößt man auf eine gespenstische alte Highway-Tankstelle, die aussieht, als hätte jemand vor Jahren vergessen, die Beleuchtung auszuschalten.

Die US-56 folgt jetzt über Elkhart und Boise City (*Black Mesa*) dem *Cimarron Cut-off*. In Cimarron (spanisch für 'wild') versucht das *St. James Hotel*, ein altes Western Hotel, diesem Ruf treu zu bleiben. Einmal im Monat werden für Stadtbürger „Murder on the Santa Fe Trail"-Wochenenden veranstaltet.

Hier in der Gegend von Cimarron sind die alten Wagenspuren des Trails häufig in den weiten Grasebenen zu entdecken. Denn in der Nähe der Ruinen des nahen *Fort Union National Monument* (ein Muß für jeden *Santa Fe Trail*-Reisenden) trafen damals beide Routen wieder aufeinander. Einige Meilen südlich liegt Las Vegas – nicht die Spielerstadt, sondern eine Kleinstadt, die für ihre heißen Quellen bekannt war, und in der sich Mitte des vergangenen Jahrhunderts zahlreiche deutschsprachige Juden niederließen. Von hier sind es nur noch 80 Meilen bis zum Ziel: Santa Fe.

Kontaktadressen und Literaturhinweise erhalten Sie auf den Info-Seiten 196–199.

Westward Covered Wagons

Spanish Trail

Geschichte

Eigentlich müßte er „Mexican Trail" heißen, denn er entstand erst, nachdem sich die Mexikaner mit der Revolution 1821 ihre Unabhängigkeit erkämpft hatten. Nach der „Entdeckung" Amerikas waren die Spanier schnell tief in die Neue Welt eingedrungen. Schon 50 Jahre nach der Landung von Christoph Columbus standen die Mannen Coronados am Südrand des Grand Canyon, und gegen Ende des 16. Jahrhunderts überzog ein Netz von Siedlungen das heutige Texas und Kalifornien.

Während sich die Spanier dem Handel mit den Anglos verschlossen, wurde schon ein Jahr nach der Unabhängigkeit Mexikos der Handel zwischen New Mexiko und den United States aufgenommen. 1829 brachte der Mexikaner Antonio Armijo erstmals kommerziell Waren auf einem alten Indianerpfad, der bis dahin nur von Expeditionen und Trappern genutzt worden war, nach Kalifornien. In der Folge bildete sich – zur gleichen Zeit wie der Oregon Trail und *Santa Fe Trail* – ein 1120 Meilen langer Handelsweg zwischen Santa Fe und Los Angeles, auf dem fast 20 Jahre lang vor allem Wolle gehandelt wurde.

Der *Spanish Trail* war allerdings kein *wagon trail*, sondern ein Pferde- und Maultierpfad, auf dem die bis zu einer Meile langen Karawanen ihre Textilien transportierten. Nach dem sogenannten *Mexican War* annektierten die militärisch stärkeren USA 1848 im „Friedensvertrag" von Guadalupe-Hidalgo die Gebiete ihrer Begierde – all das, was man heute den Südwesten der USA nennt. Die alte Handelsroute wurde überflüssig und auf nördlichere Ost-West-Routen verlagert.

Route

In 20jähriger Feldarbeit haben zwei Freizeithistoriker die Route dieses nach 100 Jahren fast verschwundenen Handelspfads aufgespürt und in dem Buch *In Search of the Spanish Trail* mit Karten dokumentiert. Nach genauer Lektüre und etwas Kartenlesen läßt sich die Route grob nachreisen. Obwohl man kaum noch auf unmittelbare Spuren stößt, zählt dieser Trail zu den schönsten Routen. *Mesa Verde, Arches* und *Canyonlands National Park, Bryce Canyon National Park* und *Dixie National Forest* liegen unmittelbar am Weg, und der Trail durchquert auch die *Mojave Wüste.*

Startpunkt des zweieinhalb Monate dauernden Trecks nach Los Angeles war die *Plaza* in Santa Fe, Umschlagplatz auch für die Waren des *Gila Trails* und des vom Missouri kommenden *Santa Fe Trails*. Vorbei an Los Alamos (der Brutstätte der amerikanischen Atombombe) folgt heute die US-84 – wie damals der Spanish Trail – dem *Chama River*. Bei Abiquiu trennen sich die Wege. Der alte Trail führte nach Nordwesten und durch das heutige Reservat der Jicarilla Apachen über die Continental Divide, die man als Autofahrer erst hinter der Ortschaft Chama überquert.

Hinter der alten Silberstadt Durango liegt der *Mesa Verde National Park* an der Strecke. Die vor über 800 Jahren gebauten und schon vor der 'Entdeckung Amerikas' wieder aufgegebenen Siedlungen der Anasazi-Indianer

Rangerin, Eingang Canyonlands

wurden erst 1870, also 20 Jahre nach dem Ende des Trails, entdeckt. Der *Cliff Palace* sogar erst 1888, als Bauer Wetherhill im Canyon nach entlaufenen Rindern suchte.

Um dem Spanish Trail zu folgen, fahren Sie bei Mancos runter von der US-160 und biegen auf den kleinen Highway 184 nach Dolores ab. Dieser Ort am Trail hatte seine Blütezeit allerdings erst 1892 nach dem Bau der (in der Depression 1931 wieder stillgelegten) *Rio Grande Southern*, einer Bahnlinie, die parallel zum alten Trail verlief. Während uns die schnurgerade US-666 und US-191 nach Moab bringen, kämpfte sich der Spanish Trail durch den *East Canyon* nach Norden. Moab, heute „Welthauptstadt" der Mountain Biker, liegt ebenso wie der *Arches National Park* am alten Maul-

Joshua Tree NP, Mojave-Wüste

tierpfad. Hier führte eine Furt über den Colorado. Die US-191 folgt ihm durch das *Moab Canyon* bis zum *Courthouse Spring*.

Weiter nördlich – dort, wo man auf Interstate 70 trifft, kreuzte der Spanish Trail den *Green River*, dessen Ufer damals ebenfalls ein frequentierter Verkehrsweg war. Folgt man dem Spanish Trail, muß man I-70 meiden und auf dem einsamen 191 nach Norden und über Schotterpisten bis Castle Dale und von dort auf der Nebenstraße 10 wieder zurück zur I-70 fahren. Die Piste war vor dem Bau der Interstate auch die Route der alten US-50 und führt durch eine vergessene Gegend. Die alte Jorgenson Ranch liegt unmittelbar am alten Trail.

„Devil's Playground", Mojave-Wüste

In Sevier sollte man wieder runter vom Freeway und auf der US-89 durch den *Dixie National Forest* fahren. Eine wunderschöne Strecke, vor allem der Umweg über Boulder, an dem der alte (zwischen Naturschützern und Farmern umkämpfte) *Burr Trail* zum *Lake Powell* abgeht. Der alte Trail bog allerdings schon vor dem *Bryce Canyon* nach Westen ab. Newcastle bei Cedar City steht heute vor allem deshalb in den Geschichtsbüchern, weil von dort aus 1849 eine Gruppe von Goldgräbern eine Abkürzung nach Westen suchte und – mit viel Glück den Weg aus dem *Death Valley* wieder herausfand. In den nahen *Utah Hills* an der Grenze nach Nevada verkünden Yoshua-Bäume, daß dies die östliche Grenze der riesigen *Mojave Desert* ist.

Von der *California Crossing* bis zur nächsten Wasserstelle lagen 50 wasserlose, gefährliche Meilen. Eine Oase entschädigte für die Strapazen. Hier gab es klare Quellen und saftige Wiesen für die Tiere. Las Vegas hat seinen Namen von diesem Wiesengrün, und die Tatsache, daß die Megaboomstadt einst am Spanish Trail lag, ist nur noch zu erahnen. Die Wiesen lagen in der Nähe des noch erhaltenen *Mormon Forts*, das der *Bonanza Boulevard* heute mit den *Las Vegas Springs* verbindet. Den Quellen, die gerade mal für ein paar Vorgärten dieser durstigsten aller amerikanischen Großstädte ausreichen würden.

In Kalifornien folgt der alte Trail dem *Amargosa River* und *Salt River* durch die *Mojave Desert* und stößt kurz vor Barstow auf die heutigen Interstates 15 und 40. In diesem Verkehrsknoten laufen auch die Union Pacific und die Santa Fe Rail Road zusammen. Das *California Desert Information Center* in Barstow ist der ideale Ort, sich über diese extreme Landschaft zu informieren.

Hinter Barstow folgte der Trail – wie heute die *Route 66* – dem *Mojave River* über Helendale, Oro Grande und über den *Cajon Pass* durch die *San Gabriel Mountains*. Dort läßt man mit den letzten *Joshua Trees* die Mojave-Wüste hinter sich. Und bald ist der Moloch in Sicht, der einmal aus *El Pueblo de Nuestra Senora de los Angeles*, dem Ziel des Spanish Trails gewachsen ist: L.A. Darin eine Museumsecke, *Los Angeles Old Plaza* mit der *Olvera Street*.

Capitol Reef National Park, Utah

Butterfield Overland

(Die Route ist nicht in dieser Karte eingezeichnet.)

Neben dem *Santa Fe Trail* und dem *Spanish Trail* war wenige Jahre später die *Butterfield Overland Mail Route* die bedeutendste Verkehrsverbindung ihrer Zeit. 1857 von John Butterfield gegründet, verband die Kutschenroute zweimal wöchentlich St. Louis über El Paso und Los Angeles mit San Francisco. Damals zählte Los Angeles noch 5000 Einwohner.

24 Tage dauerte diese staubige, knochenschüttelnde 2700 Meilen lange Fahrt. Die Kutscher wurden selbst auf dem gedruckten Fahrplan zu Höchstgeschwindigkeiten aufgefordert: Wenn jeder Kutscher auf seinem Abschnitt 15 Minuten verlieren würde, bedeutete dies auf der gesamten Strecke einen Zeitverlust von 25 Stunden, rechnete ihnen Butterfield vor.

Waterman Ormsby, ein New Yorker Korrespondent, begleitete die 'Jungfernfahrt' nach Westen und veröffentlichte darüber im *New York Herald* sechs Artikel. Schon damals wurde Ehrlichkeit im Reisejournalismus eingeklagt. Denn als Ormsby nach 24 Tagen San Francisco erreichte, wurde er gleich zur Zielscheibe des *San Francisco Bulletin*. Vorwurf: dies sei kein Journalismus, sondern eine PR-Geschichte, denn Butterfield habe seine Reise bezahlt.

1860 übernahm die *Wells Fargo Company* (American Express), deren Vizepräsident Butterfield war, die Postroute. 1866 wurde sie auf die nördlichere *Salt Lake City Line* verlegt. Nur noch wenige Spuren dieser berühmten Postkutschenlinie haben sich in dieses Jahrhundert gerettet. Einige sehr gut erhaltene Tracks sind im *Anza Borrego Desert State Park* zu finden (siehe auch Abschnitt *Anza Trail*). Entlang *California County Highway S-2* heben sich im *Box Canyon* und am *Walker Pass* die Trails der berühmten Kurierlinie noch deutlich in der Landschaft ab.

Kontaktadressen und Literaturhinweise erhalten Sie auf den Info-Seiten 196–199.

Trails am Mississippi

Natchez Trace

Alle Flüsse südlich der Great Lakes zwischen Appalachen und Rockies münden irgendwann in den Mississippi. Sowohl die Indianer als auch die europäischen Einwanderer folgten diesem großen Strom. Allerdings gab es auf dem Fluß zunächst nur eine Richtung, denn die Reisenden konnten mit dem Floß oder Kanu nicht gegen die Strömung ankommen, und so entstand eine Landverbindung quer durch das heutige Mississippi bis hoch nach Nashborough, dem heutigen Nashville. Wichtigster Handelsort am Mississippi wurde Apple Village der Natchez Indianer, später nur noch Natchez genannt. Der Natchez Trace führt durch die Territorien der Cherokee und Chickasaw, und hier leisteten auch versprengte Gruppen der Choctaw-Indianer letzten Widerstand gegen ihre Vertreibung nach Oklahoma.

1540 drangen die ersten Europäer auf diesem Pfad bis zum Mississippi vor. Der Expedition des spanischen Conquistadors Hernando de Soto folgten französische und spanische Trapper, Missionare und Händler, die diesem ursprünglich aus Wildwechselspuren entstandenen Pfad den Namen *„traces"* (Spuren) gaben.

1785 trieben die ersten Handelsflöße europäischer Händler mit Getreide und Waren von den Ebenen des Kentucky und Ohio nach Natchez. Der Trace entwickelte sich rasch zu einem der wichtigsten „frontier trails" der jungen Vereinigten Staaten. 1790 waren es schon über 70 Flöße (etwa 5 x 12 Meter groß). Und 1810 wurden über 10 000 Leute registriert, die sich auf dem Trampelpfad wieder nach Norden durchschlugen.

Die Bootsleute auf den Flößen wurden *Kaintucks* genannt, Mark Twain beschrieb sie mit den Adjektiven rauh, zäh, ungebildet, rücksichtslos und versoffen nicht gerade schmeichelhaft. Keine Frage, es war eine gefährliche Route, und vor Beginn der Reise kontrollierte man zuerst seine Waffen. *The Devil's Backbone* (Rückgrat des Teufels) wurde die drei Wochen dauernde Reise nach Nashville auch genannt.

1801 erklärte Thomas Jefferson die Route offiziell zur Poststraße, aber schon 1811, mit der Fahrt des ersten Raddampfers *„New Orleans"* nach Natchez, waren die Tage des Trace gezählt. Von da an zogen die Händler die bezahlte Fahrt auf dem Dampfer den Unwegsamkeiten durch die Wälder Mississippis und Tennessees vor. In den 30er Jahren verbanden die Raddampfer sogar Pittsburgh mit New Orleans.

Am Natchez Trace, Natchez

Der Trace, der seine ursprüngliche Bestimmung verloren hatte, verwandelte sich nach und nach wieder zurück in Wildnis und war in den 30er Jahren dieses Jahrhunderts (als im Rahmen des CCC-Arbeitsbeschaffungsprogramms von Präsident Franklin D. Roosevelt entlang des historischen Handelswegs eine moderne Straße gebaut wurde) kaum noch zu finden.

Der *Natchez Trace Parkway* ermöglicht heute eine geruhsame Fahrt von Nashville nach Natchez. 430 Meilen, für die man sich zwei bis drei Tage Zeit lassen sollte. Im Gegensatz zu den meisten US-Highways folgt der Trace den Konturen der Landschaft, eine schöne und – im Frühjahr zumindest – wenig befahrene Asphaltstraße ohne Neon, Fastfood, Supermärkte und Trucks. Es gibt nur eine Tankstelle am Meilenstein 193.

Historische Sehenswürdigkeiten entlang der Strecke werden durch Holzschilder und Historic Marker ausgewiesen. Der *National Park Service* liefert dazu ein detailliertes Faltblatt mit Karte und Meilenangaben hinter dem Komma: Rocky Springs z. B. mit seiner Kirche und den zwei heute im Freien stehenden Tresoren (das Bankgebäude ist längst vermodert). Oder bei Meile 385,9 die Abfahrt zu der Stelle, wo der Entdecker Meriwether Lewis unter ungeklärten Umständen starb. Man findet nicht nur seine Grabstelle, sondern einen Picknickplatz, Toiletten, Telefon und Zeltplatz.

Auch originale Trace-Abschnitte sind ausgeschildert. Allerdings darf man nichts Spektakuläres erwarten. Der Trace beeindruckt nur, wenn man sich sein Alter und die Geschichten aus *The Devil's Backbone* vor Augen führt, meist sieht er aus wie ein abgesenkter Waldweg irgendwo in Deutschland.

Trail of Tears

Die Indianerstämme im Osten hatten schon seit Jahrhunderten das Gebiet der südlichen Appalachen besiedelt, sie betrieben einen entwickelten Ackerbau und handelten mit den Neuankömmlingen aus den fernen Ländern. Je mehr Weiße ins Land kamen, um so mehr paßten sich die Stämme den Sitten der Fremden an. Viele heirateten Weiße, und ihre Nachkommen beschleunigten den Annäherungsprozeß. Die *Chickasaws, Choctaws, Seminoles, Creeks* und *Cherokees* wurden Müller, Zimmerleute, Schmiede und Plantagenbesitzer. Viele Weiße bewunderten sogar ihr Können und die Bereitschaft, ihre Sitten anzunehmen.

Aber mit dem wachsenden Strom neuer Siedler und nach Goldfunden im Jahr 1828 siegte Gier über Toleranz. Kaum zum Präsidenten der USA gewählt, begann der überzeugte Indianerhasser Andrew Jackson seinen Traum vom „indianerfreien Süden" zu verwirklichen. Das Parlament von Georgia verabschiedete ein Gesetz, das die Gesetzgebung der Indianer und ihr Parlament in New Echota außer Kraft setzte, das Land der Cherokee entschädigungslos enteignete und es den weißen Farmern in einer Lotterie anbot. 1830 unterzeichnete US-Präsident Jackson den sogenannten *Indian Removal Act*, harmlos übersetzt: Indianerverlegungsverordnung.

Flußarm des Mississippi River bei Natchez

Der gewählte Chief der Stämme, John Ross, legte mit anderen einflußreichen Indianern Einspruch ein, und der Oberste Gerichtshof der USA gab ihnen sogar recht: Der Vorstoß Georgias wurde als verfassungswidrig abgelehnt. Präsident Jackson setzte sich über diesen Gerichtsentscheid einfach hinweg und befahl die gewaltsame Deportierung der Ureinwohner. In den neu erworbenen Gebieten östlich des Mississippis sollte ihnen wertloses Land zugeteilt werden. Es bekam später einmal den Namen Oklahoma, was soviel wie *„Red People"* bedeutet.

Zu Zehntausenden wurden die „zivilisierten Stämme" in Sammellagern zusammengetrieben. Die Farmer, Bäcker und Schreiner mußten mit Frau und Kind oft binnen weniger Stunden Haus und Hof verlassen und alles zurücklassen, was sie nicht tragen konnten. Nur wenigen gelang die Flucht in die Smoky Mountains, wo sie sich dem Zugriff der Soldaten entziehen konnten.

Die Choctaws waren 1831 die ersten, die den Marsch der Tränen antreten mußten, die Creeks folgten 1836, die Chickasaws 1837. Und 1838 wurden 12 000 Cherokees von den Konzentrationslagern bei Chattanooga und Fort Payne mit unvorstellbarer Härte nach Oklahoma getrieben oder auf Mississippi-Raddampfern nach Westen verschifft. Es folgten 16 Marschkolonnen (von etwa tausend Menschen) auf dem Landweg. Die meisten wurden auf einer Route über Nashville und Hopkinsville und durch die Ozark Mountains nach Oklahoma verschleppt. Fast ein Drittel der Vertriebenen, meist Frauen und Kinder, kam auf dem 900 Meilen langen Todesmarsch nach Tahlequah und Fort Smith ums Leben.

Das Bewußtsein um den *Trail of Tears* und die aufgeladene Schuld ist noch recht jung. Die Cherokees, die Bundesregierung und der *National Park Service* unternehmen seit einigen Jahren Anstrengungen, die Spuren dieser Tragödie zu sichern. Für all diejenigen, die heute der Route des *Trail of Tears* folgen wollen, hat der *National Park Service* ein Faltblatt mit der Route und den nächsten Highways herausgebracht. Es werden Hinweistafeln und Historic Markers aufgestellt. Für Touristen auf der Durchreise sind die Spuren nur schwierig und meist nur in den entsprechenden Visitor Centers und Museen zu entdecken.

In New Echota, der alten Hauptstadt der Cherokees, 70 Meilen nördlich von Atlanta, kann man ein Museumsdorf besuchen, desgleichen im *Trail of Tears State Park* bei Green's Ferry und *Cape Girardeau*. Den besten Überblick erhält man in der Umgebung von Tahlequah, der 1839 gegründeten neuen Hauptstadt der Cherokee. Sie liegt östlich von Tulsa, und aus dieser Zeit stehen noch das Capitol, das Gerichtsgebäude und das Gefängnis. Im *Cherokee Heritage Center* wird die Vertreibung dokumentiert, im Museumsdorf *Tsa-La-Gi* das Leben des Stammes im 16. Jahrhundert.

Kontaktadressen und Literaturhinweise erhalten Sie auf den Info-Seiten 196–199.

Schubverbände mit 28 Lastkähnen auf dem Mississippi bei Natchez, Mississippi

Soronia verkauft Kekse und Kartoffelkuchen, Anleger der „Delta Queen", Natchez

Burr Trail Cafe bei Boulder am Abzweig zum Glen Canyon, Utah

„Bar Hollywood" in Dolores – der Eisenbahnort lag einst am Spanish Trail, Colorado

Spuren der Süd-Postkutschenroute der „Butterfield Overland Mail",
Box Canyon, Anza Borrego Desert State Park, California

Juan Bautista de Anza führte 1775 die ersten Siedler durch die nach ihm benannten Anza-Borrego Desert zum Camino Real.

Sanddünen bei
Stove Pipe Wells im
Death Valley N.P.

Spuren alter Siedlertrecks in der blühenden Mojave-Wüste bei Piute Springs, California

Wegen der saftigen Wiesen nannten die Händler den Ort am Spanish Trail „Las Vegas“

1995 wurden in Las Vegas 5,7 Milliarden Dollars verspielt.

Monument Valley - Navajo Tribal Park, Arizona / Utah

Sonnenaufgang am Mesa Arch, Canyonlands National Park, Utah

Vorbereitungen für den „Grand Entry", North American Indian Days

Powwow der Blackfoot-Indianer in Browning, Familie Fontenelle kommt aus Butte

Traditional Dancers, North American Indian Days, Browning / Montana

Die „Native Americans" gewinnen ihr Selbstbewußtsein zurück

Frau Marshall im Mustang, Parade während der Navajo Fair, Shiprock

Warten auf die Nationalhymne, Abend-Rodeo, Navajo Fair, Shiprock, New Mexico

Fred Delgado vor einer Eisenbahn-Schneefräse, Chama, Colorado

Cliff Palace, Felsdorf der Anasazi aus dem 13. Jahrhundert, Mesa Verde, Colorado

Der Weg der Tränen

Fast alle Trails in den USA haben eines gemeinsam: Die Menschen, die ihnen folgten, verbanden das Ziel mit Hoffnung, sie nahmen die Strapazen aus freiem Willen auf sich. Die Ureinwohner erlebten jedoch meist Trails der Vertreibung. Den „Langen Marsch“ der zuvor von Kit Carson ausgehungerten Navajos nach ***Bosque Redondo*** zum Beispiel, die Flucht der ***Nez Perce***-Indianer und ihres Häuptlings Chief Joseph hinauf nach Kanada und der ***Trail of Tears***. Die Vertreibung der „fünf zivilisierten Stämme“ aus dem Osten war ein Marsch der Tränen und ist eines der dunkelsten Kapitel amerikanischer Geschichte.

Die Cherokee-Indianer und vier verwandte Stämme lebten in Virginia, Kentucky, Tennessee, Georgia und den Carolinas. Sie galten als 'zivilisiert', paßten sich der weißen Lebensweise an, wurden Farmer, Geschäftsleute, Lehrer oder Unternehmer, gaben eine eigene Zeitung heraus. Einige waren sogar Plantagenbesitzer und hatten schwarze Sklaven. Die Cherokee-Nation war eine wohlhabende Gesellschaft. Mit den Weißen wurden Verträge geschlossen, die ihnen Rechte als eigene Nation mit eigenem Land, Gesetzen und Bräuchen zusicherten. Doch als immer mehr Europäer einwanderten, also Platz brauchten, Arbeit und Verdienst, begannen sich die Neuankömmlinge an dieser fremden Nation in ihrer Mitte zu stören. Bei sozialer Enge ist es immer praktisch, einen Andersartigen zum Buhmann und Staatsfeind zu stempeln, an dem man sich abreagieren kann und vor allem, bei dem es etwas zu holen gibt, zum Beispiel Immobilien. 1828 wurde ein ausgesprochener „Indianerfresser“, Andrew Jackson, zum Präsidenten der Vereinigten Staaten gewählt und schon 1830 befahl er mit dem ***Indian Removal Act*** die Deportation der Cherokee aus ihrer jahrtausendealten Heimat. Die Cherokee gingen gegen den Präsidentenerlaß vor Gericht. Der ***Supreme Court*** unter John Marshall bestätigte ihnen sogar das Recht auf ihr Land und erklärte den Erlaß für verfassungswidrig und als Verletzung früherer Verträge. „John Marshall hat entschieden“, spottete der Präsident über den Gerichtsbescheid, „dann soll er das auch 'mal durchsetzen'!“ In der Nacht drangen Soldaten in die Häuser der Ureinwohner, trieben sie wie Vieh zusammen und brachten sie in Konzentrationslager. Ihre Häuser wurden konfisziert oder geplündert, ihr Land aufgeteilt. Es war für rund 15 000 Cherokee der Beginn des ***Trail of Tears*** nach Oklahoma.

North American Indian Days, Browning

Dieses damals noch weitgehend unerforschte Hügel- und Waldland wurde ihnen als verbriefte neue Heimat gegeben. Doch bereits 1887 brachte Senator Henry Dawes ein Gesetz ein, das inzwischen seit 50 Jahren von der Cherokee-Kommune bewohnte Land in Parzellen aufzuteilen. Gemeineigentum wird in einer Gesellschaft, die auf Individualismus setzt, immer als Bedrohung empfunden. Jeder Indianer bekam nun eine Parzelle, Privateigentum, das man ihm für ein paar Dollar für Schnaps legal wieder abschwatzen konnte. So entstand, wovon die Weißen in Oklahoma noch heute schwärmen: der größte Landrausch des Westens, der ***Land Run***.

Erst 1924 verabschiedete der Kongreß ein Gesetz, das den Indianern gleiche Bürgerrechte wie den Weißen verlieh, und 1934 bekamen sie das Recht zur Selbstverwaltung ihrer Reservate. Für die Ureinwohner zu spät, ihre Wurzeln und Kultur waren längst zerstört. Manchmal hatte man sogar verfeindete Stämme – wie im Fall der Shoshonen und Arapahos in der ***Wind River Reservation*** in

Wyoming – zusammengesteckt, in der Hoffnung, daß sie sich gegenseitig umbringen würden.

Allein ihre Zahl verleiht den Indianern in der amerikanischen Gesellschaft inzwischen Gewicht. Um 1800 hatten kaum 250 000 Ureinwohner überlebt, heute sind sie 1,5 Millionen. Aber sie drückt weiterhin die höchste Arbeitslosenquote, das niedrigste Einkommen und die kürzeste Lebenserwartung aller US-Ethnien. Das Leben in den Reservaten – meist unfruchtbaren, klimatisch extremen Regionen – bietet kaum Chancen und angesichts der miserablen Gesundheitsversorgung und schlechter Schulen bleibt nur Hoffnungslosigkeit – und der Alkohol.

Traditional Dancer Fabian Fontanelle, Browning

Noch heute spaltet die 'Indianerfrage' die weißen Amerikaner in zwei Lager. Viele versuchen sensibel mit dem Thema Indianer umzugehen und nennen sie – denn das ist ja 'politically correct' – ***Native Americans***. Andere sehen in ihnen weiterhin Menschen zweiter Wahl. Aber ein Auto darf auch mal ***Cherokee*** heißen – weil das so schön wild klingt. Auch Baseball- und Football-Teams wurden aus diesem Grund nach Indianern benannt, so die ***Cleveland Indians***, ***Cincinnati Reds*** und ***Washington Redskins***, Synonyme für zornigen Kampfgeist.

Dagegen sind die Indianer gerichtlich vorgegangen – wenn auch ohne Erfolg. Die Prozesse sind aber Ausdruck wachsenden Kampfeswillens. Nach langen Jahren der Entmündigung besinnen sich die Indianer wieder auf ihre eigene Kraft. Auch die militanten Aktionen des ***American Indian Movement*** (AIM) wie die Besetzung der Gefängnisinsel ***Alcatraz*** oder des Orts des Massakers von ***Wounded Knee*** stärkten das politische Selbstbewußtsein. Die eigene Sprache, uralte Rituale, ihr spirituelles Leben, die ***Powwows*** (Stammesfeste) nehmen wieder einen wichtigen Raum im Stammesleben ein. Seit 1944 betreiben sie mit dem ***National Congress of American Indians*** erfolgreich defensive Lobbyarbeit in Washington und 'wildern' heute sogar erfolgreich in angestammten Revieren des Weißen Mannes. Die ***Native Americans*** spielen jetzt im Dollar-System der Weißen mit und verdienen nicht schlecht.

Gegen den Widerstand der Politik und der Glücksspiel-Mafia von Nevada mußte den Indianern 1988 nach einem Gerichtsprozeß gestattet werden, in ihren selbstverwalteten Reservaten (sie haben dort eine eigene Legislative) Spielkasinos zu betreiben. Das entspricht zwar nicht unbedingt Karl Mays Bild von der „edlen Rothaut", auch nicht dem Greenpeace-Aufkleber über die Lebensphilosophie der Cree, aber es stärkt ihr Selbstwertgefühl, weil es Arbeitsplätze schafft und sie von der Wohlfahrt des Staates unabhängiger werden.

Zwar verjubeln in den Spielhöllen auch viele Indianer ihr Geld, doch gerade in der Nähe der Großstädte strömen die Weißen, Schwarzen und Latinos an einarmige Banditen und Tische für Black-Jack und Roulette. Manche Stämme, etwa die Mashantucket-Pequots bei der Kleinstadt Ledyard in Connecticut, unweit von New York, haben mit den Casinos Milliardengewinne eingespielt, die sie unter anderem in eine Zehn-Millionen-Dollar-Spende für das Smithsonian Institute investiert haben, damit in Washington ein Museum für Indianergeschichte errichtet werden kann. Und sie holen sich Land zurück, Land, das ihnen einst weggenommen wurde. Grand Chief Ovide Mercredi weiß: „Die Weißen werden uns dafür nicht mögen".

Oregon – der Westen lockt

Es ist natürlich gut gemeint, aber trotzdem bin ich enttäuscht. Wir schnüren die Highways 26 und 92, immer am ***North Platte River*** entlang, immer Ausschau haltend nach diesem kegelförmigen, bleichen, einst als Achtes Weltwunder gepriesenen Berg mit seiner Felsnadel obendrauf, ganz wie eine kaiserliche Pickelhaube. Doch dann ist er erstens kleiner als erwartet – und es gibt ein ***Visitor Center***. Dabei bin ich doch gerade auf Amerikas wichtigstem Pionier-Trail unterwegs und voll motiviert, die Wildnis aus den Angeln zu heben.

Visitor Centers sind ein sicherer Hinweis darauf, daß das, was man gerade tut, nicht sehr abenteuerlich ist. Aber was soll ich lamentieren. Schließlich sind wir mit einem Wohnmobil mit Polyester-Aufbau, Klimaanlage, Eisschrank, drei Betten, Klo und Dusche hergekommen, um das echte Pioneer-Feeling zu kriegen, nicht mit Planwagen oder zu Pferd. „Hey, warum sind wir denn nicht geritten?"

Wir beschließen, auf dem Parkplatz erstmal Mittag zu essen. Nein, keine Bisonrippe mit schwarzen Bohnen. Sondern Spaghetti mit „Newman's Own Sockarooni Spaghetti Sauce®, Tutto naturale". Und ich blicke sinnierend hinüber zum Rock. Hier also, am ***North Platte River*** in Nebraska, sind damals knapp eine halbe Million Menschen auf dem Weg nach Oregon und Kalifornien durch eine Landschaft gekommen, die ungefähr so flach war wie ein Billardtisch. Das verwundert nicht, denn ***Nebraska*** ist indianisch und heißt ***platt***, und auch der Fluß wurde von französischen Trappern nach diesem auffälligsten Kennzeichen der Gegend benannt.

Landmark am Oregon Trail, Chimney Rock

Und dann erschien nach 925 Kilometern und sieben Wochen endlich ***Chimney Rock***, der „Zeigefinger Gottes". Die Optimisten haben gejubelt, denn ein Drittel des Wegs war geschafft. Die Pessimisten haben gejammert, denn jetzt ging's bald in die Berge.

Dann plötzlich das Wiehern von Pferden. Auf dem Parkplatz eines Visitor Centers am Oregon-Trail! Reiter! Also doch wilder Westen. Die Oma aus dem Dodge neben uns stürzt den Reitern mit Videokamera entgegen. Unsere amerikanischen Nachbarn sind besonders aufgeregt, selbst die herbeigeeilte Rangerin: „How wonderful! Das ist so selten, daß jemand den ganzen Trail reitet. What Fun!"

Aber es sind nicht mal Amerikaner! Der Mann mit dem Bart stammt aus Bad Harzburg, er ist Landschaftsgärtner, seine Frau ist eine neuseeländische Krankenschwester aus Auckland. Jetzt brauchen wir zwei Portionen mehr. Nach Tagen eintöniger Tütenfertigsuppendiät freuen sich Chrisy und Lutz selbst auf angeschwärzte Nudeln tutto naturale.

Da stellt sich gleich die Frage: Macht's Spaß? – „Das Schlimmste sind die Moskitos", erklärt uns Lutz und kommt zur Sache: „wenn ihr abends an eurem Tisch sitzt, werden wir am Lagerfeuer aufgefressen". Chrisy lacht. – „Das Zweitschlimmste sind die Pferdefliegen", sagt sie, und wir wissen, uns geht es gut. Eigentlich wollten sie nur mal etwas anderes machen. Abenteuer eben. Eine fixe Idee. Ein Amerikaner hatte Chrisy vor Jahren in Neuseeland vom Trail der Vorfahren erzählt, und mit dem alten Schulatlas wurden erste Pläne geschmiedet. Das Ziel: von Independence in Missouri nach Portland in Oregon zu reiten. 3200 Kilometer auf dem original ***Oregon Trail***. Und nun heißt die Parole: „Mal sehen, wie weit wir es schaffen."

Die Geldmittel waren begrenzt, die Pferde vor Ort zu teuer. Schließlich kauften sie bei einem Texaner zwei ***Halfbloods***, die auf ***Jenkins*** und ***Chaver*** hörten und ***Tuffy***, einen gutmütigen Kaltblüter. Er trägt Proviant, Zelt und ansonsten nur das Nötigste.

„Die ersten zwei Wochen waren die härtesten", erzählt Chrisy. „Wir waren ja 'Greenhorns', genau wie vor 150 Jahren die Emigranten. Die mußten auch erst mal lernen. Schon 200 Meter nach dem Start in Topeka/Kansas hing Tuffy der Packsattel unter dem Bauch. Auch der zweite Versuch schlug nach ein paar hundert Metern fehl. Da haben wir erst mal unser Lehrbuch zu Rate ziehen müssen. Selbst am Oregon Trail in Kansas kennt sich heute niemand mehr mit Packpferden aus".

Warum der Massen-Exodus nach Oregon und Kalifornien, diese größte freiwillige Wanderung der Geschichte? Ein Bündel von Motiven trieb die Amerikaner ab 1843 in den Westen:

Manche dachten, es sei patriotisch, das Land für die Nation urbar zu machen, um die Briten, die den ***Oregon County*** seit Sir Francis Drake für sich reklamierten, und die Mexikaner, die sich in Kalifornien festgesetzt hatten, einfach durch Besiedlung zu verscheuchen. Dazu gab es von der Politik geförderte, ziemlich professionelle PR-Kampagnen, in denen den Leuten das Blaue vom Himmel vorgelogen wurde: Oregon sei der Garten Eden, der Boden sei so fruchtbar, man könne den süßen Früchten beim Wachsen zusehen, kalifornische Erde trage Gold und Silber in ihrem Busen. Horace Greeley, Schriftsteller, Journalist und Gründer des ***New Yorker***, formulierte den passenden Slogan: „Go west, young man!". Eroberung durch Menschenflut. So wie Termiten ein Haus einnehmen.

Im Osten war zudem kein Platz mehr, selbst die Cherokee hatte man schon nach Oklahoma vertrieben. So wurde der Weg nach Westen für die Mehrheit eine Schnäppchenjagd auf Immobilien. Zum Beispiel wurden jedem Pärchen zwischen 1850 und '55 in Oregon mehr als ein Quadratkilometer Land geschenkt. Land, das natürlich eigentlich den Indianern gehörte, was aber der Einfachheit halber ignoriert wurde. Die hatten ja keine Grundbücher.

Missionare wollten natürlich unbedingt die „armen Wilden" bekehren. Doch schon bald beklagten sich Methodistenpriester nach der beschwerlichen Reise, daß gar keine Indianer für sie übriggeblieben waren, weil es schon zu viele Missionen gab.

Oregon Ruts, Spurensuche in Guernsey

Manche Bauern hatten einfach die Nase voll von der Malaria in den Südstaaten und manche suchten einfach den ***Thrill*** auf dem Abenteuerspielplatz Wilder Westen.

Der wichtigste Aspekt: Viele wollten es einfach noch einmal versuchen. Sie hatten bis dahin gelebt, ihre Erfahrungen gemacht, aber „das lange Ende der Wurst", wie Marilyn Monroe zu Tony Curtis zu sagen pflegte, das hatten sie noch nicht abgekriegt. Sie waren auf der Suche nach dem neuen, dem glücklicheren Leben, und sie waren auf der Flucht vor dem alten, dem unglücklichen Leben. Ihr erster Peitschenknall beim Abmarsch am Missouri war der Sieg der Hoffnung über ihre bisherige Erfahrung.

Das war auch das Leitmotiv der 47 Millionen Europäer, die in die USA ausgewandert sind. Oft waren es die Verlierer im System der Alten Welt, die vierten Söhne ohne Erbteil zum Beispiel. Verlierer mit dem Mut zum Abenteuer. Andere wollten nicht in den Krieg ziehen. Gemeinsam war ihnen die Erkenntnis, daß sie sich nicht auf andere verlassen konnten. So zogen sie über den Atlantik, um es ganz anders zu machen. Sie gründeten eine Gesellschaft, in der man sich mit dem Vornamen anredet, in der zählt, wer die Ärmel hochkrempeln kann, nicht wer einen wichtigen Posten oder Titel hat, gar von adeliger Herkunft ist. Eine Gesellschaft, die klassenlos sein sollte, in der es auf einen selbst ankommt, nicht auf den Staat. Der, bitteschön, solle doch seine Finger aus allem raushalten, denn vor ihm ist man ja gerade weggelaufen. Sie waren im Land der Hoffnung gelandet, dem Land, in dem – so Thomas Jefferson – der Traum von Freiheit und Reichtum für jeden verwirklicht würde.

Und so stürzten sich alle auf diese große, zum Plündern freigegebene Wundertüte. Wohlstand zu finden wurde der alles überstrahlende Imperativ im Kopf, die Jagd nach Reichtum der mächtigste Treibstoff. Während in Europa auch Bildung, Kultur und Titel Sicherheit und Respekt bringen, ist es hier das Geld.

Die vermeintlich totale Freiheit hat deshalb einen Haken: Man darf nicht scheitern. Schafft man es in der Neuen Welt voller Möglichkeiten nicht, dann trägt kein Großgrundbesitzer die Schuld, nicht das feudale System, nicht abgesteckte Claims wie in Europa. Wer scheitert, ist allein selbst dafür verantwortlich.

Obwohl 40 Millionen Amerikaner heute unter der Armutsgrenze in oftmals erbärmlichen Bedingungen leben, müssen sie gut drauf sein, strahlen, auch wenn's schmerzt. ***Fun*** als Diktatur des Glücklichseins. „Fine!" antwortet jeder Amerikaner auf die Frage nach dem Befinden, selbst dann, wenn man ihm am Tage zuvor ein Bein amputiert hat. Vielleicht wirken Amerikaner ja deshalb auf uns Deutsche so überdreht happy. Das macht amerikanische Alltagskommunikation allerdings auch so leicht und unbeschwert. Man kommt schnell ins Plaudern, ist nett zueinander und wegen der großen Offenheit gibt es kaum Mißverständnisse. Auch die Hilfsbereitschaft – ein Relikt der Siedlerzeit, als es ohne Solidarität einfach nicht ging – ist sprichwörtlich in den USA.

Von Bürokraten und Elefanten

Carhenge bei Alliance, Nebraska

Das hatten sie sich so schön ausgedacht mit der Freiheit und einem Staat, der sie nicht mit Bürokratie und Vorschriften belästigt. Und jetzt haben sie so etwas. Was ich meine? 80 Kilometer nördlich vom ***Chimney Rock*** gibt es eine der wenigen kulturellen Attraktionen von Nebraska, das auch den Beinamen „Maisschäler-Staat" trägt und Amerikas Nummer Eins bei der Alfalfa-Produktion ist. Nördlich von Alliance steht ***Carhenge***, gleich neben dem Highway 385. Wer von ***Stonehenge*** gehört hat, diesem von keltischen Druiden bei Salisbury erbauten kreisförmigen Steinmonument, das ein kosmischer Kalender, ein Himmelsobservatorium oder ein galaktischer Fahrradständer gewesen sein mag, der versteht, was gemeint ist. ***Carhenge*** ist eine grobe Replik davon, statt Felsen wurden Autos gestapelt, denn die liegen heute in der amerikanischen Landschaft wie Steine herum.

Hinter dem Projekt steckt Jim Reinders, ein Geologe. Er hatte die Autoleichen – ähnlich der berühmten Cadillac-Ranch bei Amarillo – in die Prärie eingegraben und granitgrau lackiert. Das Monument ist ein Präzisionsschuß in die Seele der Amerikaner, deren Führerschein gleichzeitig Personalausweis ist, die das Auto beinahe religiös verehren.

Doch als Jim das Werk 1987 fertig hatte, bemängelte die Stadtverwaltung, es verstoße gegen diverse Regeln, zum Beispiel dürften „Schrottplätze" nicht so nah an einem Highway liegen. Mit Rückendeckung durch die ***Friends of Carhenge*** einigte man sich schließlich darauf, daß das Objekt bleiben könne, wenn eine normgerechte Zubringerstraße, ein asphaltierter Parkplatz sowie ein Sichtschutz vom Highway gebaut würden, plus Entrichtung einiger Gebühren.

Von soviel Bürokratie ahnten die Siedler damals noch nichts. Ihr Feind waren die ***Elefanten***. Das war die Metapher für die Gefahren und Strapazen der Reise. Jeder Zwanzigste hat die sechsmonatige Wanderung nicht überlebt. Der Tod lauerte überall.

Hauptproblem waren die Menschenmassen, der dichte Verkehr auf dem Trail, denn alle zogen jedes Jahr ungefähr zur gleichen Zeit los, wie beim Ferienanfang auf der deutschen Autobahn. Wer vor Wintereinbruch in Oregon oder Kalifornien sein wollte, mußte nach der Schneeschmelze im April oder Mai am Missouri abreisen, wenn das erste Gras sproß. Das Gras war die Tankstelle der Zugtiere. Doch die Lagerplätze waren in der Regel überfüllt, die Wasserstellen von Tieren und Menschen umlagert, Müll türmte sich auf, es gab keine Toiletten, dafür Bakterien so groß wie Goldhamster. Die Menschen litten unter Windpocken und Malaria, unter der Ruhr und der Cholera, die allein 5000 Siedler das Leben kostete. Nur 400 Emigranten blieben durch Indianerpfeile auf der Strecke. Also längst nicht so viele, wie Hollywood behauptet. Das 'Indianerproblem' wurde durch Filme eigentlich erst hochgespielt. Das Klischee war einfach gestrickt: die gewalttätige, angriffslustige Rothaut, die unschuldige Siedler massakriert.

Zum Schutz gegen die Indianerüberfälle hatten sich die Auswanderer meist zu Reisegruppen zusammengetan, oft waren das Zufallsbekanntschaften und Zweckgemeinschaften, so daß im Streit nicht selten die Kugeln flogen. Der „Elefant" war oft auch ein Unfall, wenn beim Schieben der Wagen jemand unter die Räder kam oder wenn zum Beispiel ein Siedler in den Planwagen langte, um schnell mal sein ungesichertes Gewehr, Lauf voraus, herauszuziehen, weil er ein Kaninchen schießen wollte. Viele Wagen starrten vor Waffen. Waffen gehörten so selbstverständlich zur Ausrüstung eines Pioniers wie heute das Handy zum Börsenmakler. Seine persönliche Sicherheit, damit sein Wohlbefinden waren abhängig vom Schießeisen. Waffentragen wurde zum Grundrecht, zum Symbol: „Ich bin mein eigener Herr und eigene Armee, ich wehre mich höchstpersönlich, denn der Staat bin ich". Kein Wunder, daß die Regierung heute beim Entwaffnen eines herumballernden Volkes scheitert, das pro Jahr drei Milliarden für Heimkanonen ausgibt.

„Annie – get your gun!" – Arcadia

Mit Sicherheit hat dies auch mit einem Herrn Thoreau zu tun. Zur gleichen Zeit, als die ersten Siedler gen Westen pilgerten, saß in einer winzigen Waldhütte in der Nähe von Concord in Massachusetts ein 27jähriger namens Henry David Thoreau über seinen Kampfschriften „Über die Pflicht zum Ungehorsam gegen den Staat" und ***Walden oder Leben in den Wäldern***, die zur Pflichtlektüre in den Schulen und zum intellektuellen Unterbau des amerikanischen Individualismus werden sollten. Thoreau schrieb wortgewaltig und brillant gegen jede Form von Staatsmacht, weil die das Gewissen des Individuums unterdrückte. Er fragt: „Wozu hat denn dann jeder Mensch ein Gewissen?" Sein Credo: „Die beste Regierung ist die, welche am wenigsten regiert".

Thoreau sprach den Auswanderern aus der Seele. Selbst- und Lynchjustiz waren auf dem Oregon Trail an der Tagesordnung. Mörder wurden sofort gehenkt, Vergewaltiger ausgepeitscht. Dazu brauchte der Amerikaner keine Richter. Man war ***Selfmademan***. Auf dieser Basis versuchte sich auch der Ku-Klux-Klan zu legitimieren. Der Bombenanschlag auf ein Regierungsgebäude im April 1995 in Oklahoma City, bei der 168 Menschen ums Leben kamen, paßt genauso ins Bild. Der 27jährige Täter kam aus der ultrarechten Militia-Szene braver Farmer, die immer mehr Anhänger findet, Bürger, die grundsätzlich gegen den sie gängelnden Staat und für den Individualismus sind. Auch sie berufen sich auf Thoreau.

Weg mit dem Ballast!

Als es in die Berge ging, mußten viele Aussiedler feststellen, daß sie zuviel Zeug dabei hatten. Die Ochsen, inzwischen abgemagert, weil es nie genug zu grasen gab, konnten die schweren Ladungen nicht mehr ziehen und die Siedler mußten sich wohl oder übel von Hausstand und Gerätschaften trennen, bis von ihrer Fracht nur noch die Träume übrigblieben. Der Weg sah an den Bergaufpassagen aus wie ein Flohmarkt. Aber keiner kaufte, es blieb einfach liegen, weil auch die Nachfolgenden kein zusätzliches Gewicht verkraften konnten. Die Indianer wunderten sich, was plötzlich alles in ihrer Prärie rumstand. In manchem Tipi standen plötzlich Schaukelstühle, Bügeleisen und gußeiserne Nähmaschinen.

Diese alte Tradition, den Ballast abzuwerfen, hat sich bis heute erhalten. Zu diesem Phänomen befragen wir Mark, einen Rinderbesamer aus Casper in Wyoming, den wir in Scottsbluff an einer Tankstelle treffen. Ich glaube, er schämt sich ein bißchen, rettet sich dann aber in Diplomatie: „Der Fahrtwind saugt alles von den Ladeflächen der Pick-ups“, entschuldigt er den Freiflug von Flaschen und Dosen als höhere Gewalt.

Müll am Straßenrand gibt’s nicht nur in Amerika – aber die Lösung des Problems ist einmalig: ***Adopt a Highway***, ein Versuch, mit dem Lockmittel Werbung freiwillige Müllsammler zu finden. Diese verdienen sich dafür ein Schild am Straßenrand, mit dem Namen der Firma drauf, etwa „Adopt-a-Highway – Litter Control next 2 miles“, darunter die Helfer: „Polsterman’s Family Kitchen“.

Die Berge, das waren die Rocky Mountains. Sie galten lange als fast unüberwindliche, durchgehende Barriere. Bis der Fallensteller Robert Stuart 1812 aus der britischen Pelzhandelsstation Astoria zurückkam (benannt nach dem Schlachtersohn John Jacob Astor aus Walldorf bei Heidelberg, der mit dem Pelzhandel ein ungeheures Vermögen angehäuft hatte, das er durch Grundstücksgeschäfte in Manhattan zu einem obszönen Besitz multiplizierte. Seine Nachkommen gründeten später die Waldorf-Astoria-Hotels). Er ritt nach Südwesten, um irgendwie über die gefürchteten Rockies nach Hause zu kommen. Dabei trottete er einen sanft ansteigenden Sattel durch würzig duftendes Salbeigebüsch hinauf, dann plötzlich ging es unmerklich bergab, und die Bäche flossen in die andere Richtung. Ohne es groß zu merken, war er auf einem alten Büffeltrail über die Continental Divide gelangt.

Heute geht Highway 28 über den 2301 Meter hohen ***South Pass***, eine spärlich befahrene Straße, an dem wir wie die Pioniere wild campten, wie die Pioniere im Wind froren und uns wie die Pioniere das Konzert der Koyoten anhörten.

Wenige Meilen hinter diesem, für die Besiedlung des Westens entscheidenden, weil leichten Übergang, gab es eine Gabelung, die zwei Wegzeichen hatte: Nach links wies ein Steinhaufen, golden bemalt, nach rechts ein Schild, auf dem ‘Oregon’ stand. Wer das schnelle Geld machen wollte, ging nach links und kam nach Kalifornien, wer lesen konnte, ging nach rechts. Oft wurde noch an dieser Gabel diskutiert, welche Richtung man denn nun nehmen sollte, manchmal entschied eine geworfene Münze.

Goldene Aussichten

Wer den Weg nach Kalifornien wählte, mußte sich auf herbe Verluste einstellen. 1850 wurden in der ***Forty Mile Desert*** Nevadas 3000 zurückgelassene Wagen und 9700 Ochsenkadaver gezählt. Die Wüstenetappen waren für die meisten Zugtiere zu lang, trocken und sengend. Der Trail führte nach Südwesten durch die Mojave-Wüste, am Humboldt River entlang, peilte den ***Lake Tahoe*** an und querte die Sierra Nevada über den ***Trukkee Pass*** (2160 Meter), benannt nach dem Häuptling des ***Paiute***-Stammes.

Später wurde er zum ***Donner Pass***. Benannt nach einer Emigrantengruppe von 81 Aussiedlern um die Familie Donner, die – durch Mißgeschick und Fehlentscheidungen verspätet – erst Anfang November dort angekommen war. Sie schneiten völlig ein. Mit selbstgebastelten Schneeschuhen schlugen sich einige über den Paß bis zur 100 Kilometer entfernten Johnson's Ranch durch um Hilfe zu holen. Überlebt hatten sie nur, weil sie sich von ihren gestorbenen Genossen ernährten.

Heute rollt der Verkehr auf der sechsspurigen I-80 über den Paß, vorbei am Städtchen Truckee, und auf der anderen Seite der Sierra sind schon nach einer dreiviertel Stunde die Ausfahrten der alten Goldgräberstädtchen wie Placerville, Auburn oder Nevada City erreicht. Hier wurde 1849 Gold gefunden und eine Massenbewegung ausgelöst: die der ***Forty-Niners***. Noch im gleichen Jahr wuchs die Bevölkerung Kaliforniens von 14 000 auf 115 000. Auslöser waren Zeitungsberichte, wie der im ***Missouri Republican:*** „Ich habe in meinem ganzen Leben noch nie so viel Gold gesehen wie in den fünf Tagen seit meiner Ankunft. Der Ärmste hier kann Goldstaub im Wert von 500 bis 1500 Dollars vorzeigen, den er mit seinen eigenen Händen in einem Monat gesammelt hat". Amerika las und packte die Koffer.

Straße hinauf zum Donner Pass bei Truckee

Selbst Seeleute verließen im Goldfieber einfach ihre Schiffe im Hafen von San Francisco, so daß Hunderte von Seglern entmannt festsaßen. Städte wie Nevada City wurden in wenigen Tagen aus dem Boden gestampft. Doch gelohnt hat sich die Maulwurfsarbeit mal wieder nur für wenige. Viele hungerten, wie es Charlie Chaplin in seinem Film ***Goldrausch*** so schön sentimental gezeigt hat. Einer, der tatsächlich reich wurde, war ein jüdischer Schneider. Ein Goldgräber kam eines Tages zu ihm und verlangte stabile Hosen. Weil es aber nur mäßig reißfestes Garn gab, hat der Schneider die Nähte an den belasteten Punkten zusätzlich genietet. Er hieß Levi-Strauss, seine Hosen bald Levi's.

Am ***American River*** wird noch heute geschürft. Finstere, ungepflegte Gesellen mit langen Bärten leben dort in primitiven Hütten, die nur per Boot zu erreichen sind. Da stehen dann Schilder an den Claims wie „Don't even Think of Trespassing". (etwa: Denk nicht einmal daran, hier reinzukommen!). Alles ist verschärft eingezäunt, das Territorium gut gesichert. Das war bereits den ersten Siedlern ein Grundbedürfnis, denn in Europa waren sie meist besitzlos. Daher gehörte Zäuneziehen – besonders im Westen – zum Landnahmeritual, das „No Trespassing!" zum meistverkauften Schild.

Lutz und Chrisy, unsere berittenen Pioniere, haben es übrigens nicht bis Oregon geschafft. Der Winter brach mal wieder früh herein. In Glenns Ferry/Wyoming haben sie die Pferde verkauft und sich den Rest des Weges geschenkt. Kommentar von Chrisy: „Ich würde es nicht wirklich Ferien nennen. Erfahrung vielleicht. Empfehlen kann ich es nicht".

Time is Money

Die Nachricht vom Tode des Präsidenten Benjamin Harrison brauchte 1841 drei Monate und zwanzig Tage bis Los Angeles. Damals lebten immerhin schon drei Millionen Siedler in Kalifornien, Entscheidungen in Politik und Wirtschaft konnten jedoch nur mit immensen Zeitverlusten getroffen werden. Daher war der schnelle Briefverkehr zwischen Ost und West ein Traum aller Amerikaner.

Es wurden diverse Versuche unternommen, die Post zu beschleunigen, zum Beispiel mit Pferden (im Winter mit Schneeschuhen), mit Hundeteams, später gar mit eigens aus Arabien herangeschafften Kamelen. Sie waren der größte Reinfall. Denn die US-Wüsten sind viel steiniger als die in Afrika oder Kleinasien. Die Höckertiere lahmten schon nach kurzer Zeit und verweigerten den Dienst. Man hat ihnen schließlich sogar Lederstiefel angezogen. Das hat putzig ausgesehen, funktioniert hat es nicht.

Zwei Konkurrenten traten gegeneinander an. John Butterfield war 1850 einer der Mitbegründer der ***American Express Company*** und operierte zusammen mit ***Wells-Fargo*** ab St. Louis beziehungsweise Memphis mit Postkutschen. 1858 startete die erste ***Overland Mail*** mit Passagieren nach San Francisco auf einer ***Oxbow*** genannten südlichen Route über El Paso/Texas, Tucson/Arizona, Los Angeles nach San Francisco. Die Reise war 4350 Kilometer lang und dauerte 23 Tage und 23 Stunden. Hunderte von Relaisstationen mußten eingerichtet werden, damit immer frische Pferde zur Verfügung standen. Die Zeit für die Kutscher war denkbar knapp eingeteilt.

Butterfield konnte für sein Unternehmen zwar den glänzend dotierten Postauftrag der Regierung einheimsen, dennoch mußte der Service nach zweieinhalb Jahren eingestellt werden. Der Bürgerkrieg hatte begonnen.

Postkutschenfahrten waren kein Urlaubsvergnügen

Die Rivalen ***RWM*** (Russell, Waddell und Majors) besaßen eine der größten Speditionen der USA und schafften mit Karren Nachschub und Ausrüstung zu Militärforts an der Frontier. In ihrem Fuhrpark standen 75 000 Ochsen, sie besaßen eine Postkutschenlinie nach Salt Lake City, Lagerhäuser, Geschäfte, diverse Fabriken, eine Bank, eine Versicherung und viel Grund und Boden. Butterfields 24-Tage-Trip war ihnen noch zu lang. Statt der schwerfälligen Kutschen setzten sie auf die schnellere Kombination von Pferd und Reiter, sozusagen die Sportwagen des Wilden Westens. Sie nannten ihren privaten Post-Service ***Pony Express***. Er wurde einer der großen Mythen Amerikas.

Ihre zentrale Route war auch kürzer als die von Butterfield: Von St. Joseph am Missouri, wo 1860 die Eisenbahn endete, immer am Platte River entlang, am Chimney Rock vorbei zum South Pass. Um nicht in den notorischen Oregon-Trail-Stau zu geraten, haben sie stets ein paar Kilometer Abstand zu den Wagentrecks gehalten. An der berühmten Abzweigung hinter dem Paß ging's links ab Richtung Salt Lake City, dann durch Salzwüste und Mojave nach Carson City (später Nevadas Hauptstadt), schließlich über den ***Donner Pass*** nach Sacramento. 3163 Kilometer, also Berlin-Adana (Südtürkei) in zehn Tagen! Zu Roß. Bei soviel Tempo schien der hohe Preis gerechtfertigt: Je drei Gramm kosteten einen Dollar. Luftpostpapier ist also keine Erfindung der Fliegerei, schon auf dem ***Pony Express*** wurde extraleichtes Seidenpapier verwendet.

Voraussetzung für die Gewalttouren waren exzellente Reiter. RWM inserierte in Zeitungen: „Gesucht: Junge, schlanke, zähe Burschen, nicht über 18 Jahre alt. Müssen geschickte Reiter sein, bereit, täglich das Leben zu riskieren. Waisen bevorzugt. Gehalt $ 25 pro Woche".

190 Relaisstationen wurden zum Pferdewechsel eingerichtet. Sie ermöglichten, fast die ganze Zeit im Galopp zu bleiben. Die Durchschnittsgeschwindigkeit lag bei etwa 13 Stundenkilometern, auch bei schlechtem Wetter, sogar im Winter. Der Dienst ging rund um die Uhr. Die Reiter hatten ein kleines, leichtes Horn dabei, das sie kurz vor der Wechselstation bliesen. So konnte der Stationswart rechtzeitig das nächste Pferd bereit machen.

Der Reiter sprang vom Gaul, griff sich die Mochilla, das war die Satteltasche mit den Briefen, warf sie über den Sattel des frischen Pferdes, und nach längstens zwei Minuten ging die Reise wie beim Galopp-Derby weiter. Etwa jede fünfte Station war eine größere Home-Station – zum Reiterwechsel. Hier konnte sich der Bursche ausruhen, bis das Gegenpferd aus Kalifornien kam und er wieder dieselbe Strecke zurückritt, die er zuvor gekommen war. So pendelte jeder Reiter in seinem Segment hin und her. Da es bei der Eile auf jedes Gramm Gewicht ankam, hatten die Männer kein Gewehr dabei, sondern nur zwei 45er Colts, die ***Peacemaker*** (Friedensstifter) genannt wurden. Kurz: Es war einfach perfekt organisiert.

Der *Pony Express* wurde berühmt, finanziell war er ein Verlustgeschäft. Nicht nur unzählige Wildwest-Schmöker hatten die schnelle Reiterstaffel zum Thema, auch im richtigen Leben sorgte sie für Aufsehen. Bei der Ankunft des ersten Boten in San Francisco gab es Volksfeste. Die Kalifornier hatten nicht mehr das Gefühl, auf dem Hinterhof der Nation zu hausen, und die Kommentatoren der lokalen Zeitungen überschlugen sich mit Lobpreisungen auf die mutigen Unternehmer. Nach dem bejubelten Start am 3. April 1860 kam das Ende schon 19 Monate später. Dann war nicht nur die Telegraphenleitung von Küste zu Küste gezogen, dann versagte auch die Marktwirtschaft: Als Freunde des Präsidenten bekamen Butterfield und Wells-Fargo den hoch dotierten staatlichen Postauftrag und nach dem Stopp der Oxbow-Route alle Subventionen für die zentrale Strecke – die des Pony Express. Das Imperium von Russell, Waddell und Majors brach zusammen.

„Der erste Ritt!" – Pony Express

Piep piep püieep piep piep piep piep püieep

Die Nachricht von der Ermordung Abraham Lincolns 1865 erreichte San Francisco von Washington in wenigen Sekunden. Der Wechsel des Transportmediums hatte die Nachrichten von 13 Kilometer pro Stunde auf 300 000 Kilometer pro Sekunde beschleunigt. Samuel Morse sei Dank. Für die ***Desert News*** in Salt Lake City war damit der „Electric Highway" geboren.

Der Fortschritt auf Holzpfählen spannte sich in wenigen Jahren durch das ganze Land. Telegraphenleitungen wurden zum Wahrzeichen amerikanischer Landschaft und sind es noch heute, ohne daß die Leute zu Beginn wußten, wie das System eigentlich funktionierte. Viele dachten, die Nachrichten würden auf ganz kleinen, zusammengerollten Zettelchen per Luftdruck durch den Draht geschickt.

Die erste Telegraphenleitung wurde unter der Regie von Samuel Morse am 24. Mai 1844 fertiggestellt. Sie verband Washington mit Baltimore. Sofort erkannten viele Geschäftsleute die neue Technik als Bombengeschäft und begannen, Drähte zu ziehen. Sie zogen über Land in die Kleinstädte und überzeugten die Bewohner, daß sie unbedingt eine Kabelverbindung in die nächste größere Stadt bräuchten. Wenn sie bezahlten, dann würde sie auch gebaut. So entstanden Hunderte von kleinen Telegraphengesellschaften, viele von ihnen wurschtelten von Geburt an am Bankrott entlang.

Damit begann die amerikanische Routine des freien Marktes, die sich in der Geschichte des Landes bis heute wiederholt: Es gibt ein neues Produkt, dafür wird Bedarf geweckt. Zu seiner Befriedigung schießen die Firmen wie Pilze aus dem Boden. Alle wittern das große Geld. Viele gehen dabei baden, und einer mit viel Kapital kauft zum Sonderangebotspreis die halbe Branche auf.

Beim Telegraphen war es Hiram Sibley, der dabei die Vom-Tellerwäscher-zum-Millionär-Story auf Hochglanz brachte. Er wusch allerdings keine Teller, sondern flickte Schuhe, ging später in die Politik, half Samuel Morse bei der Lobbyarbeit für sein System in der Regierung und stieg dann selbst ins Telegraphengeschäft ein. Er kaufte nach und nach die kleinen Unternehmen auf und gründete die ***Western Union***. Als die transkontinentale Leitung gebaut wurde, war der nächste Konkurrent zehnmal kleiner als er. 121 000 Meilen Telegraphennetz gehörten 1869 ihm. Es war das größte der Welt. Sibley selbst wurde so reich, daß er den größten Besitz kultivierten Landes der USA zusammenkaufen konnte.

Die erste transkontinentale Verbindung führte – richtig – über den South-Pass, denn die Leitungen folgten ziemlich genau der Pony Express-Route. Jetzt noch des Rätsels Lösung: Die Überschrift dieses Kapitels heißt ***USA***.

Zugweise Zugreise

Die Eisenbahn verbindet Atlantik und Pazifik!

Sehnsüchtig wartete der Westen auf den technischen Fortschritt, der im Osten der USA bereits angekommen war: die Eisenbahn. Die Amerikaner waren – anders als das ängstliche und in Kleinstaaten geteilte Europa – von den Möglichkeiten des neuen Verkehrsmittels sofort begeistert. Das Land brauchte Infrastruktur.

Die erste transkontinentale Bahnlinie wurde bereits 1869 fertig. Wie man aus ***Spiel mir das Lied vom Tod*** und anderen Wildwestfilmen weiß, war ihr Bau ein abenteuerliches Unternehmen, eine großartige Ingenieurleistung und ein Haufen Ungerechtigkeit. Statt in sechs Monaten kam man jetzt in acht Tagen von Küste zu Küste. Die alten Trails verwaisten von einem Tag auf den anderen. Die Bahn wurde in vielen Fällen parallel zu ihnen gebaut, denn die Planwagen-Wege waren ja die mit dem geringsten Widerstand. Später wurden auch die meisten Highways entlang dieser Routen angelegt.

Die Streckenführung der ersten transkontinentalen Bahnen ist zum großen Teil auch heute noch in Betrieb und für Touristen zu befahren. Auf ihnen ist das Reisen mit einem sympathischen Kulturschock verbunden. Man muß als erstes die Uhr auf die Zeitrechnung von Dritte-Welt-Ländern umstellen. „Abfahrt des Zuges ist möglicherweise um 17.15 Uhr, wenn er nicht Verspätung hat“, sagt man uns in Whitefish, wo wir auf den ***Empire Builder*** warten. Er hat am Ende acht Stunden Verspätung. „Wir mußten auf ein paar Güterzüge warten, die haben immer Vorfahrt“, klagt unser Schaffner, „und die Strecke war wegen eines entgleisten Zuges kurz mal blockiert“. So etwas kommt im amerikanischen Schienennetz vor, und keiner regt sich ernsthaft darüber auf. Schließlich fährt niemand Zug, der irgendwo einen Termin hat. In unserem doppelstöckigen ***Superliner*** sitzen zumeist Touristen, und er ist proppevoll.

Da sind wir froh, rechtzeitig einen ***Economy Sleeper*** reserviert zu haben. In dem können sich zwei ökonomisch gebaute Leute wie wir auf den Sesseln bequem gegenübersitzen, mit einem passablen Fenster an der Seite und einem kleinen Tisch dazwischen. Nur die Vorbereitungen für die Nachtruhe geraten schwierig, denn die Sessel werden zum doppelstöckigen Bett zusammengeschoben, das erfordert ein wenig Übung. Dafür hat man ein gemütliches Nest in diesem rollenden Hotel. Amerikaner haben fast alle den gleichen Grund für diese Tour von Seattle nach Chicago: „Einmal im Leben Amerika im Zug durchqueren", sagen sie, „jetzt sind wir halt Rentner..."

Wir sind nicht gut im Erraten der verschiedenen Dialekte unserer Mitreisenden, aber einige Kommentare sind eindeutig: „Schätze, die können aus diesen Bäumen hier ein paar passable Zahnstocher machen", sagt ein silberbärtiger Mann mit Flanellhemd und blauer Baseballkappe, der natürlich aus dem Redwood-Gebiet Oregons stammt. Eine alleinreisende alte Dame fragt mich ganz aufgeregt, als sie von unserem nächsten Zwischenstopp erfährt, ob ich nicht von Whitefish aus ihre Nachbarin anrufen könne. „Ich weiß nicht, ob ich meinen Gasherd zuhause ausgemacht habe, meine Nachbarin hat den Schlüssel. Es ist schrecklich, ich werde so vergeßlich". Sie ist 86. Natürlich rufe ich die Nachbarin an.

Unser ***Empire Builder*** heißt übrigens seit 1929 so, weil Wirtschaftsmogul Jerome Hill um seine ***Great Northern Railroad*** ein verzweigtes Wirtschaftsempire schuf. Dieser Zug war sein Flaggschiff.

Damit sind wir schon mittendrin in der Kriminalgeschichte der amerikanischen Eisenbahn, einer turbulenten Zeit mit unerhörtem Wachstum. Ihr Schienennetz wurde mit Abstand das größte der Welt. 1916 gab es etwa 408 000 Gleiskilometer. Ursache war der enorme Bedarf der Amerikaner an Mobilität und Transport. Die Eisenbahn beendete die großen, verlustreichen ***Cattle Drives***, die Züge der Rinderherden aus dem Süden. Auch die Farmer bejubelten das neue Transportmittel, denn ihr Markt war plötzlich nicht mehr nur die nächste Kleinstadt, sondern die ganze Nation. Bodenschätze, wie Erze oder Erdöl, wurden erst mit der Bahn zu Schätzen, weil man sie nun dahin transportieren konnte, wo es Anlagen zu ihrer Verarbeitung gab. Amerika wuchs ungehemmt, und die Eisenbahn war der Motor. Nicht zu ihrem Schaden: Sie wurde nach der Landwirtschaft der größte Wirtschaftszweig des Landes. 1910 gab sie 1,7 Millionen Amerikanern einen Job. Die prächtigen Bahnhöfe, die Kathedralen des 19. Jahrhunderts, waren Symbole für den Reichtum der Gesellschaften.

Schlafwagenschaffner des „Empire Builder", Chicago

Dabei verlief die Entwicklung ganz anders als in Europa, wo Städte an Flüssen gewachsen waren. In Amerika entstanden sie an der Schiene, denn nur dort konnte die Wirtschaft florieren. Bei den Eisenbahnbaronen standen die Bürgermeister Schlange, um einen Anschluß zu bekommen. Das Bahnbusineß lief wie geschmiert. Noch 1830, kurz bevor die Eisenbahn kam, war Chicago ein morastiges Dorf mit 300 ärmlichen Einwohnern und einem Anleger für die Dampfschiffe des Michigan Sees. Später wurde es der größte Eisenbahn-Knotenpunkt der Welt, und drei Millionen Siedler aus dem Osten ließen sich in der Region nieder. Heute hat Chicago übrigens den größten Flughafen der Welt.

Ein Nebeneffekt der Eisenbahn war die Beseitigung des Zeit-Chaos. Vor dem 18. November 1883 hatte jeder Ort seine eigene Uhrzeit. Es gab zum Beispiel 38 verschiedene Zeiten allein in Wisconsin. Damit war fahrplanmäßiges Reisen eine ziemlich unübersichtliche Sache. Auf dem Bahnhof von Pittsburgh hingen sechs Uhren, und jede Gesellschaft operierte nach unterschiedlichen Zeiten. Die Eisenbahn wurde Wegbereiter für das heutige System mit vier über den Kontinent gestaffelten Zeitzonen.

Das große Bahngeschäft begann mit lauter kleinen Gesellschaften, allein über 200 im Staat New York. Resultat war ein bizarres Netz von oft nicht miteinander verbundenen Schienenwegen. Wegen ihrer enormen Gewinne wurden die Bahngesellschaften immer wieder Opfer von Finanzjongleuren, den ersten Großkapitalisten. Die Demokratie erwies sich dabei als hilflos, deren Machthunger zu kontrollieren, und ließ sie einfach gewähren. Folge: Die Eisenbahnbarone erzeugten in der Wall Street Booms und Paniken, wie es ihnen in den Kram paßte.

Hauptdarsteller in der wilden Phase nach dem Bürgerkrieg waren Cornelius Vanderbilt, genannt ***Commodore***, weil er als Fährschiffer im New Yorker Hafen mit geliehenen 100 Dollar Kapital begonnen hatte, und Jay Gould, ein hagerer, fast asketischer, schwarzhaariger junger Mann von nicht mal 30 Jahren. Gould galt als skrupellos und trieb seine Gegner so gnadenlos in die Pleite, daß einige Selbstmord verübten. Sein gewagtester Coup war der Versuch, den Goldmarkt aufzukaufen. Es klappte zwar nicht ganz, sorgte aber am 24. September 1869 für den ersten ***Schwarzen Freitag*** in der Börsengeschichte, bei dem zahllose Unternehmen ruiniert wurden.

„Empire Builder" bei East Glacier, Montana

Seine bitterbösen Schlachten gegen Vanderbilt wurden Legende. Um die Vorherrschaft im Eisenbahngeschäft zu bekommen, betrog, bestach und fälschte er. Vanderbilt siegte jedoch meist und wurde reichster Mann Amerikas.

John D. Rockefeller paßt ebenfalls in diesen illustren Kreis. Einen großen Teil des Erfolgs seiner ***Standard Oil*** (SO = Esso, heute, weil's schnittiger klingt, Exxon) schuf er mit der Erpressung der Eisenbahngesellschaften. Der übliche Preis für den Transport von einem Barrel Öl ab Ohio waren 35 Cents. Weil Standard Oil aber so groß war und die Eisenbahnen abhängig von dem Auftrag, konnte er den Preis auf 10 Cents drücken, während die Konkurrenten noch die alte Summe zahlten. Bis Rockefeller merkte, daß es ja eigentlich ungerecht sei, daß die anderen Ölfirmen 35 Cents zahlen mußten. Er setzte die Bahnen daraufhin unter Druck, bis sie einwilligten, die von der Konkurrenz zuviel eingenommenen 25 Cents zu erstatten – an ihn.

Ab dem Ersten Weltkrieg ging es in den USA mit der Bahn bergab. Neben der Konkurrenz durch das Auto lag das auch an der Abneigung der Bevölkerung gegen die Praktiken der Räuberbarone und ihre Transporttarife, die manchen Bauern in den Ruin getrieben hatten. Zudem subventionierte die Regierung zwar Straßenbau, Flughäfen, sogar Schiffahrtswege, nicht aber die Eisenbahn. Die mußte extrem hohe Steuern zahlen. In der Regierung saßen unter anderem ein paar Manager von General Motors.

Während der Gütertransport heute von verschiedenen Gesellschaften (***Santa Fe Railway Company, Union Pacific Railroad, Burlington Northern Railway Company***) betrieben wird und besonders das transkontinentale Containergeschäft mit doppelstöckigen Zügen floriert, fahren die Personenzüge der ***Amtrak*** (***American Trakkage*** – amerikanische Schiene) einen Milliardenverlust ein. Diese 1971 gegründete staatliche Gesellschaft war ein Versuch der Regierung, den Personenverkehr auf der Schiene zu retten. Das sieht mal ganz gut aus, mal wieder schlechter, je nachdem, was der Kongreß gerade an Subventionen ausspuckt.

Für die Weiten North Dakotas braucht man ein gutes Buch im „Empire Builder"

Skyline von Downtown Seattle – Abfahrtsort des Amtrak – „Empire Builder" nach Chicago

Bahnstation East Glacier, Glacier National Park, Montana

Besten Überblick im Amtrak-Superliner bietet der Aussichtswagen „Lounge Car"

„Your order please?“ Dinner Time im Speisewagen des rollenden Hotels

„Chuck Wagon Race", Nebraska's Big Rodeo, Burwell

Freeways und Willamette River in Portland, hier endete einst der Oregon Trail

Versorgungs-Packpferde für Holzarbeiter in der Wind River Range, Wyoming

Von Planwagen ausgefahrene Oregon Trail Ruts bei Guernsey, Wyoming

Fünf Monate waren Chrisy und Lutz auf dem Oregon Trail, Chimney Rock

Irma McGuire reitet mit ihren 84 Jahren noch täglich ihre Lieblingsstute „Genie"

Cheyenne Frontier Days – the Mother of Rodeos, Cheyenne, Wyoming

Rodeo-Reiter beobachten gespannt die Konkurrenz, Cheyenne Frontier Days

Ländliche Viehauktion in Fowler am Highway 50, Colorado

Rancher-Frühstück im Cafe der Auktionshalle Fowler, Colorado

Larry Young's Barber Shop, Chambersburg am Lincoln Highway, Pennsylvania

Chat und Keith bringen ihren Puma zur Agrar-Show, Laramie, WYO

Radkappen „4 sale" am Natchez Trace, Natchez, Mississippi

Organspender für Oldtimer, Schrottplatz in New Mexico

Er lebt noch: der Mythos vom Easy Rider

Roger und Pat haben ihr Eigenheim verkauft, leben als „Fulltimer" ohne Adresse

Oregon Trail

Geschichte

Vier Jahrzehnte, nachdem Lewis und Clark den Kontinent zum pazifischen Nordwesten durchquert hatten, folgten zunächst Händler und Missionare und wenig später die ersten Siedler dem Ruf nach Westen. Mit den kläglichen Beträgen, die sie für Haus und Hof erhielten, packten Abertausende von verarmten Bauern und Handwerkern ihre Habe und bestiegen in *St. Louis* jene Dampfer, die sie auf dem Missouri zum Ausgangspunkt des *Oregon Trail* in Independence brachten. *Westport Landing*, heute ein Vorort von Kansas City, war der größte „Jumping-off" in das Niemandsland westlich der *Frontier*. Der „Garten Eden" hieß *Oregon Country*, ein Gebiet, das Teile der heutigen Staaten Oregon, Washington, Idaho und sogar British Columbia umfaßte. Es gab jede Menge gedruckte Reiseführer, wie den *„Emigrants Guide to Oregon and California"*, die Tips für Wasserstellen, Pässe, Furten und Warnungen vor „gefährlichen Indianern" enthielten.

Im Laufe von nur 25 Jahren suchte fast eine halbe Million Menschen auf diesem Weg ihr Glück und eine neue Heimat. Sie nannten sich *emigrants* (Auswanderer), denn die Länder, von denen sie träumten, waren noch Ausland. Kalifornien und Utah gehörten zu Mexiko, und Oregon war britisch. Hinter der Massenbewegung stand auch politisches Kalkül. Denn das Land sollte an die Nation fallen, deren Bürger es besiedelten. Im Mai 1843 startete der erste große Treck mit Familien (260 Männer, 130 Frauen und über 600 Kinder) gen Westen. Ab 1849 zog es auch zahllose Glücksritter wegen der Goldfunde nach Kalifornien.

Die Trecks zogen sich über eine Länge von einem Kilometer auseinander, denn jede Familie versuchte den Staub des Vorgängers zu meiden. Die *Plains* waren die Übungsmeilen der unerfahrenen Städter und Bauern aus dem zivilisierten Osten. Als Führer engagierten sie meist erfahrene *mountain men* (Trapper). Und auf den ersten hundert Meilen mußte das neue Pionierleben geübt werden: Wagenräder reparieren und in der holzlosen Steppe mit Büffelmist kochen waren neue Erfahrungen. Auf den kleinen Planwagen war nur Platz für Kleinkinder und Kranke, alle anderen folgten zu Fuß, Trekking quasi: sechs Monate und 2000 Meilen.

Entlang der Route des Oregon Trails entstand 1860 mit dem *Pony Express* über eine Entfernung von 1996 Meilen das erste Kuriersystem der Vereinigten Staaten. Ein Endpunkt war St. Joseph, Missouri, der andere Terminal war Sacramento in Kalifornien. Damals lebte schon fast eine halbe Million Menschen westlich der Rockies in Kalifornien und Oregon.

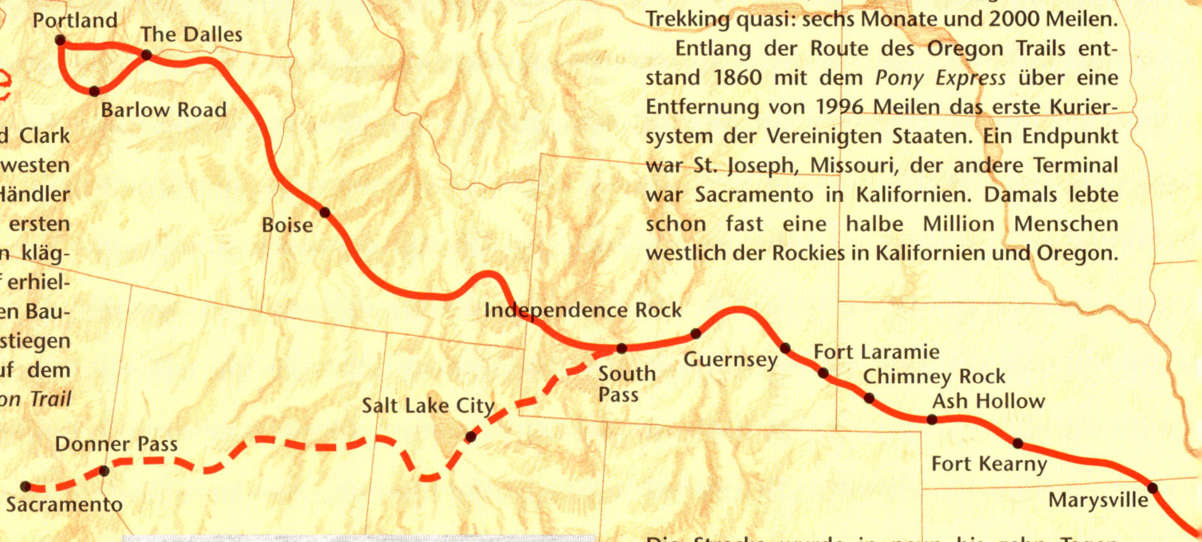

Treck nach Westen, Holzschnitt 1875

Die Strecke wurde in neun bis zehn Tagen zurückgelegt – wie ein Stafettenlauf. In mehr als 190 Stationen (die etwa 5 bis 20 Meilen auseinander lagen) standen insgesamt über 500 Pferde zur Verfügung, ebenso 80 ausgesuchte Reiter. Doch der legendäre *Pony Express* existierte nur 18 Monate, dann hatten die ersten Telegraphenleitungen San Francisco erreicht.

Route

Heute ist es leicht, im klimatisierten Camper den Spuren jener strapaziösen Massenflucht zu folgen. *Der National Park Service* hat ein informatives Faltblatt mit einer detaillierten Karte des Oregon Trails herausgebracht, an der man sich in Verbindung mit Straßenkarten sehr gut orientieren kann. Auf der Faltkarte sind neben den *Historic Sites* auch sämtliche Abschnitte des Trails markiert, wo die *ruts* (Wagenspuren) noch deutlich zu erkennen sind. Vor allem in den Rockies und den Weiten der Prärie haben sich über 300 Meilen Fährten der zahllosen Planwagen in unsere Zeit gerettet.

Logischer Startpunkt ist das *National Frontier Trails Center* (318 W. Pacific Avenue) in Independence. Kaum 30 Meilen westlich der Stadt querte die Route den bedeutendsten Handelsweg in den „mexikanischen“ Süden, den *Santa Fe Trail*, der damals schon seit mehr als 20 Jahren existierte. Heute folgt man der I-70 nach Topeka und biegt dort über den Kansas River nach Norden auf die US-24 in Richtung Marysville ab.

Marysville war sowohl wichtige Station für den Trail als auch für den *Pony Express*. Nördlich der US-36, zwischen Hanover und Bremen, ist noch heute eine kleine *Pony Express*-Station zu besichtigen. Im Zickzack der Nord-Süd und Ost-West ausgerichteten Highways können Sie dem diagonal nach Nordwesten verlaufenden Trail nach Kearney folgen. *Fort Kearny* war eines der wichtigsten Forts am Trail und wurde im *State Historical Park* rekonstruiert. Danach verläuft der Trail in Nebraska (Indianerwort für ‘eben’) entlang dem *Platte River* (französisch mit gleicher Bedeutung). Die Trecks der Mormonen wählten meist das Nordufer des *Platte River*, die Siedler mit Ziel Oregon und die sogenannten *Californians* das südliche Ufer.

Planwagen am South Pass

Auch moderne *rut nuts* können sich hier nicht verfahren. I-80 und US-30 (der alte *Lincoln Highway*) folgen dem *Platte River* nach Westen. In Ogallala, einst eine Verladestation der *Union Pacific Railroad* für die aus Texas

Stübe, Goldgräber-Ghosttown

kommenden Viehtriebe, teilt sich der Fluß. Und der alte Trail und US-26 folgen dem *North Platte River* und automatisch kommen auch die berühmten Landmarks des Trails in Sicht: *Ash Hollow (State Historical Park), Oshkosh* und *Chimney Rock* sind klingende Namen am Oregon Trail. Wenn nach Monaten diese steil in den Himmel ragende Felsnadel am Horizont auftauchte, wußten die Reisenden, das (leichtere) Drittel war fast geschafft und *Independence Rock* nicht mehr weit. Wenn sie diese Etappe bis zum *4th of July* erreichten, standen die Chancen, die Rockies vor dem Winter zu überqueren, recht gut.

Von hier bis zum *Fort Bridger* sind die Fährten der Planwagen recht häufig aufzuspüren. Sie liegen allerdings nicht immer gleich neben dem Highway, man muß schon etwas laufen und suchen. Die spektakulärsten Spuren (vom Parkplatz leicht zu erreichen) sind die bei *Guernsey*. Tausende von Emigranten ritzten ihre Namen in den Kalkstein des *Register Cliff*, ihre Wagenräder hinterließen metertiefe Rinnen im Gestein eines Hügels, den die Trecks nutzten, um das sumpfige Ufer zu meiden.

Die Entdeckung des *South Pass*, südlich vom heutigen *Lander*, war für die Entwicklung des Oregon Trails zum Massentrail entscheidend. Denn dieses „Tor zum Westen“ war damals die einzige Möglichkeit, mit Planwagen nördlich von Mexiko die *Continental Divide* zu überqueren. Eigentlich erschien die Passage den Reisenden nicht einmal als Paß, eher als Hochebene. Nur an der Fließrichtung der Bäche war zu erkennen, daß die Rockies überwunden waren. Beim *Parting of the Ways* trennten sich dann die Wege derjenigen, die vom Gold in Kalifornien träumten, und jene, die es entlang des *Snake River* nach Oregon Country zog. In *Farewell Bend* verläßt der Oregon Trail den *Snake River* und sucht sich einen Weg (heute begleitet von der I-84) nach Nordwesten zum *Columbia River*.

Die schwierigste und gefährlichste Etappe des Trails lag kurz vor dem Ziel. Für die California-Trailer war es die Überquerung der *Cascade Mountains* und der *Sierra Nevada*, für Siedler mit Ziel Oregon der Columbia River. Denn die Schluchten dieses Flusses waren für Wagen unpassierbar, und in *The Dalles* (französisch für „Rinne“) mußten die Siedler lange Zeit ihre Habe auf Flöße umladen. Die Flößer verlangten für die aufgrund der Stromschnellen und Klippen lebensgefährliche Floßfahrt Wucherpreise und nahmen gerne die Ochsen in Zahlung. Samuel Barlow und Joel Palmer suchten deshalb einen für Planwagen möglichen Landweg über die *Cascade Range*, machten ihn durch Erdarbeiten passierbar und eröffneten 1846 den sogenannten *Barlow Trail*, eine gebührenpflichtige *toll road* hinunter ins Tal des *Willamette River*. Dort lag *Oregon City*, 12 Meilen südlich vom heutigen Portland.

Heute führen die I-84 und die kleine Parallelstraße US-30 uns Autofahrer bequem durch die Schluchten des Columbia River. Auf der Suche nach den Spuren Barlows biegt man – von Portland kommend – auf die US-26 (den *Mount Hood HWY*) zum *Mount Hood National Forest* ab und stößt auf dem Paß oberhalb von *Government Camp* auf den alten *Barlow Trail*, dem man zu Fuß noch über 20 Meilen folgen kann. Hier oben am 1263 Meter hohen *Barlow Pass* kreuzt auch der Fernwanderweg *Pacific Crest National Scenic Trail* den historischen Pfad.

Kontaktadressen und Literaturhinweise erhalten Sie auf den Info-Seiten 196 – 199.

Amtrak

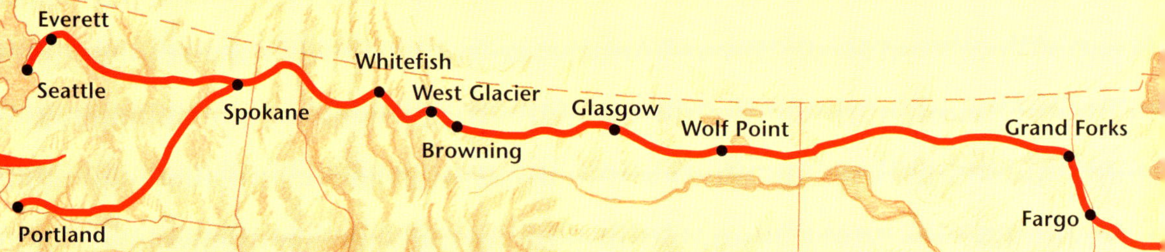

Geschichte

Amerikas Eisenbahngeschichte begann 1828 mit dem ersten Spatenstich für die *Baltimore-Ohio-Railroad*. Im Gegensatz zu Europa löste das Dampfroß in den USA Begeisterungsstürme aus und war Voraussetzung für die Erschließung des Westens. Dörfer und Städte wuchsen entsprechend ihrer Nähe zu den Bahngleisen, und parallel zu den Gleisen entstanden später die ersten transkontinentalen Highways der Nation.

Am 10. Mai 1869 standen sich nach siebenjähriger Bauzeit die Lokomotiven der *Union Pacific* und der *Central Pacific* am *Great Salt Lake* in Utah gegenüber, die erste transkontinentale Landverbindung war „Geschafft!" – so die gemorste Meldung des Telegraphen. Jetzt dauerte die Reise von New York nach San Francisco statt acht Monate nur noch acht Tage. Das waren gerade mal 25 Jahre, nachdem die ersten Planwagen-Züge mit Emigranten gen Westen aufgebrochen waren. Innerhalb kurzer Zeit entstanden nach diesem Vorbild im heftigen Konkurrenzkampf privater Gesellschaften sechs weitere transkontinentale Bahnlinien.

Für die Prärie-Indianer bedeutete das „Feuerroß" hemmungslosen Landraub und Vernichtung ihrer Lebensgrundlage. „Rothäute" waren in den Augen der neuen Einwanderer aus Skandinavien, Deutschland oder Osteuropa nichts wert, Verträge waren nichts als Hinhaltemanöver und gegenstandslos. Indianerstämme, die sich dem stählernen Dampfroß entgegenstellten, wurden mit Unterstützung der Armee niedergemacht, die Bisons von „Vergnügungszügen" aus systematisch ausgerottet. Dadurch sollten die aufständischen Stämme ausgehungert, ihr Widerstand gebrochen werden.

„Rothäute attackieren Feuerroß"

„Ich habe tausend verrottende Büffel gesehen, vom weißen Mann zurückgelassen – erschossen aus einem vorbeifahrenden Zug", klagte Chief Seattle in seiner berühmten Rede an den 14. Präsidenten der Vereinigten Staaten an: „Ich bin ein Wilder und kann nicht verstehen, wie das qualmende Eisenpferd wichtiger sein soll als der Büffel, den wir nur töten, um zu leben."

In den 80er und 90er Jahren des letzten Jahrhunderts erschloß der Eisenbahnmagnat James Jerome Hill mit seiner *Great Northern Railway* den menschenleeren Nordwesten. Im „Zeichen der Bergziege" förderte Hill die Landwirtschaft, verschenkte Saatgut und Zuchttiere an die Farmer entlang der Linie, sorgte für Produzenten längs seiner Bahnstrecke und verband sie mit den Märkten der Küstenmetropolen. Weitsichtig, aber nicht uneigennützig, denn er sicherte sich damit ein Monopol. Ebenso wie die *Northern Pacific* die Gründung des *Yellowstone Parks* unterstützte, förderte James Jerome Hills Gesellschaft 1910 den *Glacier National Park* als Magnet für zukünftige gewinnbringende Touristenströme.

Die *roaring twenties* der Eisenbahn und Pullman-Luxuszüge währten nicht lange. Luftfahrt und Auto wurden zum übermächtigen Konkurrenten. Einige der privaten Bahngesellschaften gingen in Konkurs, andere schlossen sich zusammen und entledigten sich (nachdem der US-Kongreß sie von der Verpflichtung zum Personenverkehr befreit hatte) des defizitären Reiseverkehrs und beschränkten sich auf den Gütertransport.

Um ein minimales Bahnangebot zu sichern, gründete die Regierung 1971 die halbstaatliche Bahngesellschaft AMTRAK. Die Gesellschaft erwarb von den privaten Bahngesellschaften nicht nur Teile der alten Luxuszüge (*Heritage Fleet*), sondern mietet auch den größten Teil des 40 000 Kilometer langen Streckennetzes. Da nur der Güterverkehr Gewinne einfährt, haben Güterzüge immer Vorfahrt, und die Personen-Fernzüge kommen häufig mit gewaltigen Verspätungen am Zielbahnhof an.

Routen

Von den sechs transkontinentalen Strecken stellen wir hier zwei Verbindungen vor. Den *Empire Builder* (siehe Karte) im hohen Norden und den *Southwest Chief*, der ebenfalls von Chicago kommend über weite Strecken dem Santa Fe Trail und der *Route 66* nach Los Angeles folgt.

Eine Reise in den *Amtrak-Superlinern* ist Bahnreisen pur, ein Hotel auf Rädern, gezogen von mindestens zwei 3200 PS-starken Diesellokomotiven. Die Superliner erreichen Höchstgeschwindigkeiten von 160 km/h, und die USA sind per Zug komfortabler und schneller zu durchqueren als mit dem Auto.

Gleich an der Einstiegsluke der doppelstöckigen Schlafwagen bekommt man vom *Conductor* die reservierten Plätze zugewiesen.

Die preiswerteste Variante sind die Liegesitze im Großraumabteil. Empfehlenswert sind die *Economy Bedrooms*. Nachts werden die beiden Sessel in bequeme Betten verwandelt. Die *Deluxe-Cabinen* sind geräumiger, sie verfügen auch über ein kleines Sofa und Dusche und WC im Abteil.

Gegessen wird im *Dining Car* hinter Panoramascheiben. Zentrum des Zuges ist der *Lounge Car*, der Aussichtswagen, mit drehbaren Polstersesseln, wie im Kino. In Rundumsicht genießt man den Wechsel der wie auf einer Leinwand dahingleitenden Landschaften. Nachts mutiert dieses Juwel dann in ein Video-Kino und tagsüber leider zur Raucherecke des Zuges.

Der *Empire Builder* verkehrt viermal die Woche und benötigt für die 3640 Kilometer entlang der kanadischen Grenze etwa 44 Stunden. Terminals sind die *Union Station* in Chicago (Abfahrt 15.15 Uhr) und *King Street Station* in Seattle (Abfahrt 16.20 Uhr). Der Fahrpreis beträgt etwa 220 US-$, ein Economy-Schlafplatz kostet etwa 330 US-$ zusätzlich, eine Deluxe-Cabine 700 US-$ Zuschlag.

Das Großartige an einer Reise im *Empire Builder*: Man erlebt die ungeheure Weite Amerikas vom Zugfenster: die *Cascade Mountains*, die Bergwelt entlang des *Glacier National Park*, die unendliche Weite der Prärie Dakotas sowie Montanas gigantische Kornfelder. Nicht Kirchen, sondern Wassertürme und Silos künden hier jede Siedlung an.

Wir fuhren mit dem *Empire Builder* von West nach Ost, denn in umgekehrter Richtung durchfährt man die spektakulärsten Strecken entlang des *Glacier National Park* nachts. Hinter Everett schlängelt sich der Zug am späten Nachmittag durch die üppig grünen Flußtäler der *Cascade Mountains*. In der Nacht wird in Spokane der aus Portland kommende Zug angekoppelt, und am nächsten Morgen erreicht man in West Glacier den *Glacier National Park*. Hier lohnt ein mehrtägiger Stop, denn das Grandiose der Rocky Mountains (der Nationalpark zählt 50 Gletscher) kann man aus dem Zug nur erahnen, man muß sie erwandern.

Speisewagen im „Empire Builder“

Hinter der *Continental Divide*, der kontinentalen Wasser- und Wetterscheide, verwandelt sich die grüne Berglandschaft der östlichen *Cascade Mountains* ohne Vorwarnung in braune Prärie und Kornfelder. Ein Stop in Browning lohnt sich nur im Spätsommer, wenn die Blackfeet Indians auf ihrer Reservation den *North American Indian Days Powwow* durchführen.

In Rugby (dem geografischen Zentrum Nordamerikas) läßt man die Prärien und Weideflächen North Dakotas hinter sich und erreicht die endlosen Korn- und Sonnenblumenfelder Dakotas und Minnesotas, Amerikas *Heartland*. Hat man den Mississippi und St. Pauls, Red Wing und Minneapolis erreicht, ist *Chicago Union Station* nur sechs Bahnstunden entfernt.

Von Union Station verläßt auch der *Southwest Chief* (täglich um 17.20 Uhr) Chicago in Richtung Los Angeles. Dieser Zug fährt auf der Strecke des legendären *Superchiefs* und benötigt für die 3638 Kilometer durch zum Teil klassische Wildwest-Landschaften etwa 41 Stunden bis zum Pazifik. Ab Kansas City folgt der Zug bis New Mexico in etwa der Route des Santa Fe-Trails. Santa Fe liegt jedoch nicht an der Strecke, die nächstgelegene Bahnstation ist Lamy. Nun fährt die Bahn über Albuquerque, Gallup und parallel zur *Route 66* durch Arizona und Kalifornien. Die Grenze nach Kalifornien quert der Zug in der Nacht, und kurz nach dem Frühstück ist *Union Passenger Terminal* in Los Angeles erreicht.

Auch die Fahrt mit dem *Central Pacific*, der weitgehend noch der Trasse seines legendären Vorgängers und der ersten transkontinentalen Verbindung „coast to coast" folgt, beginnt in Chicago, Amerikas wichtigstem Eisenbahnknoten. Ebenso der (langfristig ausgebuchte) *California Zephyr*, der Chicago mit Emeryville (bei San Francisco) verbindet und der einer Route von 1877 durch die Sierra Nevada und die Rockies folgt.

Eine Fahrt mit den transkontinentalen AMTRAK-Zügen ist zu allen Jahreszeiten zu empfehlen. Blühende Frühlingswiesen haben ebenso ihren Reiz wie verschneite Winterlandschaften, und selbst die brütende Sommerhitze ist in den klimatisierten Wagen leicht zu ertragen.

Kontaktadressen und Literaturhinweise erhalten Sie auf den Info-Seiten 196–199.

Blick aus dem Aussichtswagen

Pacific Trails

Anza Trail

Schon der Name des Stadtmolochs Los Angeles verrät heute, daß die ersten Siedler in Kalifornien Überirdisches im Sinne hatten. Zwischen 1683 und 1823 entstanden im Gefolge spanischer Militärexpeditionen zwischen dem südlichen Zipfel der mexikanischen Halbinsel *Baja California* und Sonoma im *Alta California* 51 Missionen.

Unterwerfung und Missionierung waren in der Geschichte immer eng verbunden, und neben der forcierten Christianisierung der Indianer dienten diese *Missions* auch strategischen Zwecken. Spaniens Vizekönig waren die Stützpunkte der russischen Pelzhändler und englischer *free booters* an der Küste ein Dorn im Auge. Im Norden sollte die *Francisco Bay* als strategischer Hafen gestärkt werden. Um die Kolonisation voranzutreiben, schickte Spanien verarmte Bauern hinauf ins *Alta California*, ins 'obere Kalifornien'.

1775 führte Juan Bautista de Anza über 300 Personen (134 Männer, 39 Frauen, 127 Kinder) in einem fast einjährigen Treck nach Norden, rekrutiert aus der verarmten Landbevölkerung des westlichen Mexikos (Gegend um Horcasitas). Der Startpunkt des eigentlichen Trecks war Tubac im heutigen Arizona. Der Siedlerzug bewegte sich zunächst auf einem alten Indianertrail entlang dem *Santa Cruz River* und *Gila River*. Die heutigen Interstates 19 und 10 folgen in etwa dieser Route.

Das Wegstück westlich von Yuma war das schwierigste. Es führte durch die Sanddünen *Algodones Dunes*, dann während der Wintermonate über die *Coyote Mountains* und durch die Wüste, die heute *Anza Borrego Desert* genannt wird. In der Nähe von *Borrego Springs* (heute Park Headquarters des *State Parks* und sehenswertes Museum) ging der Marsch durch die *Badlands*, eine stark erodierte, trostlose und wasserlose Landschaft.

Fährt man den Highway *S-22* entlang der *Montezuma Valley Road* hoch in die Berge, hat man eine wunderbare Aussicht über die *Borrego Badlands*. Hier kreuzt ein moderner Trail, der transkontinentale *Pacific Crest Scenic Trail*. Auch die Southern Coach Route (Kutschenroute) der *Butterfield Overland Mail* führte hier durch die *Anza Borrego Desert* (Die Route ist entlang des Highways S-2 im Straßenatlas von Südkalifornien gekennzeichnet). Der Anza Trail verließ Borrego Springs entlang des sich verengenden *Coyote Canyons* und später über die Santa Rosa Berge hinunter nach Los Angeles.

Von hier folgte er dem berühmten *El Camino Real*, dem Königsweg.

El Camino Real

Die nach katholischen Heiligen benannten Missionen reihten sich landeinwärts wie auf einer Perlenkette im Abstand einer Tagesreise entlang der Pazifikküste und waren durch einen Pfad verbunden, den *El Camino Real*, den 'Königsweg'. Mit der mexikanischen Revolution 1824 wurde auch die Macht der katholischen Kirche gestutzt, und die Missionierungskampagne kam zu einem Ende. Zwei Jahre nach der Annektion Kaliforniens im Jahre 1846 durch die USA wurde der *Camino*, der damals hauptsächlich als Route für Viehtreiber und für einige Siedler-Trecks diente, südlich von San Diego durchtrennt.

Mission Santa Barbara, California

1896 erhielt die Strecke, obwohl noch unbefestigt, den Status einer State Route, 1912 sogar offiziell als *El Camino*. Aber erst 1923 entschloß sich die Regierung zur Pflasterung, und 1928 bekam der Highway im Rahmen des *Federal Highway Program* den offiziellen Namen US-101. In Mexico folgt der heutige *Highway 1* (erst seit 1973 eine befestigte Straße) dem historischen Camino Real und ist praktisch die einzige Hauptstraße über die wilde Halbinsel *Baja California*.

Highway 101

San Gabriel Arcangel (östlich von L.A.), *Santa Barbara* mit ihrer zweitürmigen Fassade, *San Juan Bautista* und *San Luis Obispo de Tolosa* sind die sehenswertesten Missionen am Wege. Ab *San Luis Obispo* lohnt es sich, den *One-O-*

One zu verlassen und auf die enge, kurvenreiche Küstenstraße *California 1* auszuweichen, die meist *Highway 1* genannt wird und nicht zu verwechseln ist mit der US-1 entlang der Atlantikküste. 1937 wurde diese spektakuläre Küstenstraße von *Moro Bay* bis Monterey nach 20jähriger Bauzeit eingeweiht und verband die kleinen Fischerdörfer und Redwood-Holzfällersiedlungen entlang der Küste.

Der Küstenabschnitt bei *Big Sur*, einst Refugium von Henry Miller, ist einer der Höhepunkte der Strecke. Am *Bixby Creek* warnt die Aufschrift "No jumping from bridge" (Nicht von der Brücke springen) beim Betreten der berühmten (1932 noch weltgrößten) Betonbrücke. Eine juristische Absicherung des Staates gegenüber möglichen Klagen von Angehörigen potentieller Selbstmörder. Denn der Staat hat ja vor dem Sprung gewarnt! Das ist wichtig im Irrgarten des amerikanischen Justizsystems.

An der strategisch wichtigen San Francisco Bay lagen drei Missionen, eine davon *San Francisco de Asis* oder auch *Mission Dolores* genannt. Das Gebäude, das 1906 das Erdbeben überlebte, gibt auch heute noch dem historischen und „malerischen" nicht nur wegen der vielen Wandbilder oder *murals* Viertel der Stadt seinen Namen. In San Francisco überqueren *US-101* und die *California 1* seit 1937 gemeinsam das *Golden Gate* über die gleichnamige Hängebrücke nach Norden. Eine halbe Million Liter rote Farbe bringt 75 200 Tonnen Stahl zum Leuchten.

Nördlich bleibt die US-101 (meist 4spurig) im Landesinneren, *Highway 1* folgt der Küste. Das macht die Entscheidung leicht. Obwohl unsere Routenbeschreibung bis hoch nach Washington von Süden nach Norden erfolgt, ist die umgekehrte Fahrtrichtung besser. Sie sichert die beste Aussicht aufs Meer.

Ein weiterer spektakulärer Streckenabschnitt ist die *Mendocino Coast* von Jenner am Russian River bis nach Mendocino. Das 1812 gebaute russische *Fort Ross* war den Spaniern ein Dorn im Auge, aber die alte Weltmacht war schon zu schwach, um die Russen, die hier Seehunde jagten und Lebensmittel für ihre Stützpunkte in Alaska anbauten, militärisch zu vertreiben. Ein Besuch im rekonstruierten Fort mit Vorratshäusern, Holzkirche und Wohnhäusern lohnt sich.

„Highway 1", Mendocino Coast

Mendocino sollte man an einem sonnigen Sonntag meiden. Dann kann das vielbesungene Städtchen jeden Charme verlieren und verwandelt sich zur unerträglichen Touristenfalle. Da lohnt es schon eher, nördlich von Leggett, wo die kleine 1 wieder auf den großen Bruder stößt, nach verlassenen Teilstücken des *One-O-One* zu suchen. Auf den detaillierten Karten im Straßenatlas von Northern California sind sie als Schlenker zu erkennen und oft blockiert nur ein kleiner Erdwall die Zufahrt von der meist vierspurigen *US-101*.

Ein Höhepunkt der Route ist der *Humboldt Redwoods State Park*. Hier durchquert der ursprüngliche *One-O-One* als *Avenue of the Giants* einen der letzten Redwood-Wälder der USA. In einem der drei kleinen Campingplätze zwischen den über tausend Jahre alten Baumriesen zu übernachten bleibt ein unvergeßliches Erlebnis. Den *Rockefeller Forest* fanden wir am eindrucksvollsten.

Auf dem Weg nach Norden sollte man in South Fork unbedingt die 65 Meilen 'Umweg' entlang der einsamen *Lost Coast* bis hoch nach Ferndale wählen. Dann bleibt einem auch der Anblick der Sägewerke von Rio Dell und Scotia, wo lange Zeit die Redwood-Giganten der amerikanischen Regenwälder zu Furnieren und Holzchips verarbeitet wurden, erspart. Von den ursprünglich 800 000 Hektar der großen Redwood-Wälder ist nur ein Bruchteil übriggeblieben. Der wildmalerische Waldstreifen entlang des 'Scenic Highway' versperrt – wie eine Kulisse – den Blick auf dahinter verborgene Kahlschläge.

In Oregon sind vor allem die Streckenabschnitte der *101* an der *Southern Oregon Coast* von Brookings über Gold Beach bis Bandon zu empfehlen. Der *101* ist meist gut ausgebaut, und es lohnt sich auch für Eilige nicht, auf die *Interstate 5* bis nach Portland auszuweichen. In Pacific City am *Cape Kiwanda* beginnt ein besonders schöner Streckenabschnitt der kleinen *One*, während der *One-O-One* bis Tillamook die Abkürzung wählt. Bevor der *101* schließlich vor Seattle endet, macht er noch eine lange, wunderschöne Schleife über die *Olympic Peninsula*. Hoffentlich haben Sie ein wenig Regen, denn *Lake Quinault* im wabernden Nebel und der moosbewachsene Regenwald am *Hoh River* entfalten ihre Schönheit erst benetzt. Für eine Wanderung entlang der *Hurricane Ridge* im *Olympic Peninsula National Park* allerdings ist klare Fernsicht ein Plus.

Kontaktadressen und Literaturhinweise erhalten Sie auf den Info-Seiten 196-199.

1880 lebten über 10.000 Menschen in der Goldgräberstadt Bodie, Eastern Sierra

Heute ist Bodie eine Geisterstadt, die zum Ausflüg in die Geschichte einlädt. Mit plattgedrückter Nase entdeckt man beim Sargmacher noch ein paar vergessene Kisten.

Morgenlektüre auf dem Washington Square, San Francisco

Das „Café Trieste" kultiviert italienische Lebensart, North Beach, S.F.

Der Highway 1 führt seit 1937 über die Golden Gate Bridge nach Norden

Mit der Harley auf der „California 1" nach Norden – ein Erlebnis!

Die „Bixby Creek Bridge" bei Big Sur war einmal größte Betonbrücke der Welt, die Warnung dient als juristische Absicherung des Staates gegen Lebensmüde.

Der Highway 1 von Morro Bay bis Monterey wurde 1937 eingeweiht

Wilde Steilküste und blauer Pazifik, die Mendocino Coast, California

Für die dramatische Küstenstraße sollte man sich Zeit nehmen...

Rockefeller Forest im Humboldt Redwoods State Park am Highway 101

North Bend an der Coos Bay, ein Zentrum der Holzindustrie, Oregon

Cannon Beach war der Endpunkt der Lewis-und-Clark-Expedition

Abstecher vom Highway 101 in den Regenwald am Hoh River, Olympic Peninsula

In diesem Laden können Sie (mit gültigem Führerschein) alles kaufen. Rio Dell, Oregon

Arbeitssuchender am Highway 101, Gualala, California

Lunchpause im Truck Stop Tucumcari, Interstate 40, New Mexico

Die Trucks gehören zu den Schnellsten auf den Interstates.

Mecky, Ex-Hannoveranerin, hat sich in einem ‚Männerberuf' durchgesetzt.

„Triples" sind wegen ihrer Länge nur auf wenigen Freeways zugelassen, hier I-80

Spaß am Gas

Hays/Kansas, 50 Meilen nördlich vom ***Santa Fe Trail***, ist eine Kleinstadt in einer Landschaft, die – wir wissen es allmählich – so flach ist wie ein Bügelbrett. Bis zum Horizont steht Weizen, dessen Schicksal es ist, zum schwammigsten Brot der Welt verarbeitet zu werden. Die höchste Erhebung hier sind die Getreidesilos, die alle paar Meilen wie silberne Kathedralen aus der Ebene wachsen.

Hays hat noch immer seine Eisenbahn, durch die der Ort groß wurde. Hier war Endstation der Railroad, die später nach Santa Fe ging, und hier war eine der Hauptverladestationen für die Longhorn-Herden, die aus Texas und Oklahoma nach Norden getrieben wurden, um dann per Zug nach Chicago in den großen Schlachthöfen ihrem Tod entgegen zu rollen. Da es noch keine Tiefkühltruhen gab, blieb Fleisch nur frisch, indem es lebte.

Wir machen gerade Mittagspause im Schatten unter einer der Brücken des Highway 40, der hier gemeinsame Sache mit der Interstate 70 macht. Plötzlich hören wir einen durchdringenden Sound, als würden da oben auf dem Freeway die 500 Meilen von Indianapolis gestartet. Wir fahren hin und beobachten, wie zwei junge Typen mit ihren Autos aus einer Werkstatt neben dem Freeway kommen, sich oben auf der Interstate hinstellen(!), wie die Verrückten Gas geben, losjagen.

Jerry Juenemann, Boß von „Wheels'n Spokes", der Werkstatt, ist Urheber des Krachs. Er feiert gerade ein bißchen mit seinen besten Kunden, alles Chrysler-Fahrer. Jeder ist mit Freundin und einem Macho-Modell der sechziger Jahre gekommen, als Amerika noch wirkliche Größe hatte, was sich in dicken V8-Motoren mit vielen Cubic-Inches ausdrückte. Brave Limousinen hatten damals gewaltige Hubräume. Fünf Liter galten als untermotorisiert, ab 6,3 Liter wurde man gegrüßt, 7 Liter ist etwa der Hofdurchschnitt bei Jerrys Fete. Die Jungs, meist Bauern aus der näheren Umgebung, das heißt 300 Kilometern Umkreis, haben ihre Muskel-Schlitten zusätzlich in Heimarbeit oder bei Jerry frisiert.

Dave in seinem Pontiac Trans-Am, Hays/Kansas

Das Happening wurde am Morgen mit der Vernichtung eines Oldsmobile per Vorschlaghammer eingeleitet. Ein Oldsmobile gehört zum General-Motors-Konzern, der Konkurrenz von Chrysler. Sie zeigen uns das Resultat ihrer morgendlichen Aktivitäten. Der Olds wurde dem Landschaftsbild angepaßt, man kann ihn beinahe durch einen Briefschlitz schieben. Alle sind schon am frühen Nachmittag betrunken, die Stimmung ist bombig, denn bei den nebenbei laufenden Beschleunigungsrennen auf dem Freeway haben immer nur Chrysler gewonnen. Es sind nur Chrysler da, ***Mopars***, wie sie sie nennen, „Massively Overpowered and Respected" (massiv übermotorisiert und geachtet).

Sie überreden mich, bei einem Rennen mitzufahren, bei Rod, einem jungen Farmer aus der Schlachthofstadt Dodge City, 170 Kilometer südlich am alten ***Santa Fe Trail***, der Heimat von Wyatt Earp und Doc Holliday. Rod zieht seinen metallicgrünen Straßenkreuzer auf die Überholspur des Freeway, haut mit aller Kraft auf die Bremse, bis wir wabbelnd stehen, Jerry rechts neben uns. Dann zählt Jerry „three, two, one – fire!" Rod läßt bei 5500 Umdrehungen mit einem Schlag die Kupplung schnalzen. Das Auto vibriert, stößt und schlägt aus. Rod peitscht einen Gang nach dem andern durch – es nützt nichts. Nach einem Kilometer gibt er sich geschlagen. Jerry ist zwei Längen voraus. Unser Wagen schlingert wie ein Schlauchboot beim Riverrafting. Wir haben 110 Meilen (177 km/h) auf dem Tacho. Damals hatte man zwar starke Motoren gebaut, aber die Straßenlage irgendwie vergessen. Wir wenden über den Mittelstreifen und bollern zurück zur Garage, wo Rod mit Bier getröstet wird. Die Bilanz des Tages bisher: Drei Kupplungen sind verglüht, ein Getriebe verreckt. Alles ist wunderbar.

So entwickelt sich bis sieben Uhr abends eine lebhafte, laute, eben eine gelungene Party. Dann kommt ER. Wie einst Django reitet Dane G. Bales Junior auf dem Hof ein, in einem metallisch blitzenden Pontiac Trans-Am. Sein Nummernschild sagt alles: „TRY ME" (Versuch' mich!). Dane steigt cool aus, sagt kurz „Hi", geht nach vorne und öffnet seinem Auto die Haube – so als würde man zur Begrüßung die Hose runterlassen, um zu zeigen, was da alles drinsteckt. Unter Danes Haube steckt die Keule. Alles verchromt, blitzblanke Ventildeckel, metallisch blinkende Schlauchleitungen und ein Regiment mächtiger Vergaser. 550 PS. Im Innenraum lauern zwei Radarwarner auf Danes natürlichen Feind – die Polizei.

„Let's make a race!" ruft plötzlich einer mit dem Mut der Verzweiflung, „Dane gegen Jerry". Jerry brüllt „okay", und er ballt die Faust. Er ist erstens kein Spielverderber, zweitens hat das Bier seinen Realitätssinn unterspült. Ich sitze bei Dane im Silberschlitten. Bei „Fire" werde ich wie mit dem Hammer in den Sitz gepreßt. Weil er einen Frühstart macht, kann Jerry anfangs zwar ganz gut mithalten, doch schon nach einem halben Kilometer ist alles klar und Dane schreit vor Glück, hämmert immer wieder ausgelassen aufs Lenkrad, „o whooow, that's fun, that's real fun!"

Die Stimmung vor der Werkstatt ist dagegen auf dem Nullpunkt. Ein Pontiac, ein General-Motors-Auto, hat die Ehre von Chrysler beschädigt.

Raus aus dem Schlamm

Lincoln Highway im Jahre 1914 bei Ames / Iowa

1886, als der Apotheker John Pemberton in Atlanta das Rezept für die berühmte Brause Coca-Cola kreierte, brachte Karl Benz mit einem Otto-Motor ein Dreirad zum selbständigen Fahren. Auto also! Keine Erfindung hat diese Gesellschaft so nachhaltig verändert wie die von Nikolaus August Otto aus Holzhausen im Taunus. Sein kleiner, leichter Verbrennungsmotor ermöglichte den Bau von Mobilen, die nicht größer und schwerer als Kutschen sein mußten, die also auf der Straße bewegt werden konnten. Die viel schwereren Dampfmaschinen hingegen wären ohne Eisenbahnschienen eingesackt.

Das Auto revolutionierte die amerikanische Lebensweise. Die Liebe zum Automobil entflammte ungestüm, und sie ist offenbar nicht mehr zu löschen. Beim Zug diktierten Fahrpläne den Rhythmus des Reisens, vor allem aber die hohen Tarife der Gesellschaften. Kein Wunder, daß die jegliche Abhängigkeit fürchtenden Amerikaner das Auto in ihre Arme schlossen. Mit ihm war man plötzlich eigener Herr über die Fortbewegung. Verkehr wurde wieder demokratisch.

Sie kauften schon Autos, da gab es außerhalb der Städte fast keine dafür geeigneten Wege. Die erste Durchgangsstraße war die ***National Road***, für Pferde- und Ochsenverkehr gebaut. Sie wurde von Thomas Jefferson 1802 in Auftrag gegeben und ging von Cumberland bei Washington etwa 1000 Kilometer nach Westen – als Verbindung zwischen dem Potomac und Ohio River (beide schiffbar). Da eine Erdstraße für den bereits dichten Planwagenverkehr nicht haltbar genug war, besonders bei Regen, hat man ab 1827 ***Makadam*** verwendet, ein nach dem Briten John Loudon McAdam genannter Straßenbelag, bei dem eine etwa 25 Zentimeter dicke Schicht von feinem Schotter verdichtet wird. Als die viel schnellere Eisenbahn kam, wurde 1841 die Arbeit an der Road zunächst eingestellt. Allwetter-Fernstraßen für Reiter und Planwagen interessierten plötzlich nicht mehr.

Als zur Jahrhundertwende das Auto ins Leben der Amerikaner trat, konnte man bei schlechtem Wetter praktisch nur in den Städten herumfahren. Abgesehen von der National Road und ein paar anderen kürzeren Strecken, waren die Überlandwege üblicherweise von Ochsenkarren völlig ausgeleiert, und bei Regen versank alles im Schlamm. Amerika war, anders als das schon weitgehend gepflasterte Europa, für längere Touren im Automobil nicht vorbereitet. Es war halt immer noch ein Entwicklungsland. Im Reiseführer zum ***Lincoln Highway*** stand 1924 über die glücklich überwundene Vergangenheit: „Bis 1909 und 1910 war die motorisierte transkontinentale Reise noch ein Abenteuer für Furchtlose... In diesen Zeiten... brauchte man Vorräte und Ausrüstung, kaum weniger umfassend, teuer und hinderlich, als sie Kapitän Amundsen für seine Tour zum Pol brauchte oder Stanley für den Trip ins schwärzeste Afrika".

Dabei gab es theoretisch bereits ein flächendeckendes, wenn auch völlig unausgebautes Wegenetz. 1785 wurde auf Initiative von – natürlich – Thomas Jefferson der im Kern sozialistische ***Land Ordinance Act*** beschlossen, wonach das Land gitterförmig aufgeteilt werden sollte. Das streng geometrische Raster sah vor, daß jede Gemeinde 93 Quadratkilometer groß ist (6 x 6 Meilen), die in Quadrate von einer Quadratmeile unterteilt und wiederum in vier Viertel parzelliert wurden. Jede Parzelle war eine Farm. Die Farmer mußten einen Streifen von 11 Metern Breite abgeben, um Platz für die Wege zu schaffen, die genau im Meilenabstand zwischen den Feldern angelegt wurden. Die Entfernungen zu den Kleinstädten wurden so gewählt, daß ein Bauer mit seinem Ochsenkarren an einem Tag bequem zum Rathaus und wieder zurückfahren konnte.

„On the road" – Straßen durch die Einsamkeit

Die Netzstruktur führte zur dezentralen Anlage des Landes. Während sich in Europa über die Jahrtausende Metropolen wie Rom, Paris, Wien oder Berlin entwickelt hatten, zu denen alle Wege sternförmig hinführten, wurden die USA flächenmäßig besiedelt. Daher hat Amerika zwar einige große Städte, aber keine wirkliche Metropole. Jeffersons Straßennetz förderte die föderalistische, regionale Sichtweise der Amerikaner, ihre viel geringere Beziehung zur Regierung in Washington, einer Stadt, die für viele heute hauptsächlich durch die höchste Mordrate des Landes Bedeutung hat.

Die Erdwege wurden nur sehr allmählich das, was man Straßen nennen kann. Zuerst begannen private Firmen, Wege zu planieren und mit Makadam zu belegen, wofür sie natürlich eine Mautgebühr verlangten. In Pennsylvania hatten zum Beispiel 80 Gesellschaften 4000 Kilometer Mautstraßen gebaut. Aber die Privatwirtschaft konnte der Nation kein komplettes Netz liefern. Dazu fehlte Kapital, man brauchte Uncle Sam.

Bürgerinitiativen, wie die ***Good Roads Association*** (das waren hauptsächlich Radfahrer) und Autofahrerorganisationen, wie der 1899 gegründete ***Automobile Club of America (AAA)***, drängten die Regierung, das Straßenbauprojekt zum Wohle Amerikas und des Fortschritts in Angriff zu nehmen. Da der Glaube an den ewigen Fortschritt – ein Synonym für Mobilität – in Amerika ähnlich verwurzelt ist wie der an Gott, veranstalteten die Good-Roads-Leute Good-Roads-Sundays in der Kirche, bei denen der Pastor den Zusammenhang von guten Straßen, besserer Lebensqualität und christlicher Lebensführung erklärte.

Autofahren galt als gesundheitsfördernd. Eine Zeitschrift befand 1903: „Die Kubikmeter Luft, die während einer Autofahrt buchstäblich in einen hineingepreßt werden, beleben müde gewordene Nerven, vertreiben Sorgen, Schlaflosigkeit und Verdauungsstörungen."

Andererseits stießen Autos zu Beginn des 20. Jahrhunderts noch auf massiven Widerstand, weil sich nur die Reichen und Superreichen welche leisten konnten. In der AAA-Mitgliederliste standen Namen wie Astor, Vanderbilt, Rockefeller und du Pont. 1906, noch bevor er Präsident wurde, äußerte sich Woodrow Wilson: „Autos sind ein Symbol der Arroganz und Verantwortungslosigkeit des Reichtums, der sich nicht im geringsten um die anderen schert".

Zehn Jahre später hatte er, wie einst Konrad Adenauer („Wat intressiert mich mein Jeschwätz von jestern"), seine Meinung radikal geändert. Er unterzeichnete den ***Federal Road Act***, das größte Bauvorhaben der Menschheitsgeschichte. Sein Slogan: „Die Bauern aus dem Schlamm holen".

Es wurde auch Zeit. 1920 gab es bereits acht Millionen Autos, von den Städten willkommen geheißen, denn sie – ausgerechnet sie – waren vergleichsweise sauber: In New York entsorgten die Gäule jede Woche 8000 Tonnen Pferdeäpfel und zwei Millionen Liter Urin auf den Boden.

Eine durchgehende Straße von Ost nach West wurde folgerichtig der Traum der Automobilisten. Zu Ehren des ermordeten Präsidenten Abraham Lincoln wurde daher die ***Lincoln Highway Association*** gegründet. Ihre Mitglieder waren einflußreiche autofahrende Privatleute, aber auch Autofirmen, von denen es Hunderte gab. Der Club organisierte Spendenaktionen, hauptsächlich aber arbeitete er als Lobby bei der Regierung, und 1924 konnte der aktuelle Reiseführer freudig mitteilen: „Lincoln Highway nun zu 80 Prozent exzellent!" Von den 5056 Kilometern (das ist die Strecke Berlin-Teheran) waren 780 betoniert, 170 gepflastert und 17 asphaltiert. Der Rest war geschottert oder halt einfach planierte Erde.

1923 zählte man bereits 25 000 Autos, die auf der neuen Magistrale vom New Yorker Times Square bis zum Lincoln Park in San Francisco knatterten. Das Zeitalter ruheloser Mobilität war eröffnet. Die Lincoln-Tour wurde als Traumreise gepriesen, bei der man die Weite des Heimatlandes und vor allem die bereits sagenumwobenen, aber von der Bevölkerung noch weitgehend unbesichtigten Schönheiten des Westens selbst er-'fahren' konnte. Es gab dazu befestigte Stichwege in die ersten Nationalparks der jungen Nation: Rocky Mountain, Yellowstone, Yosemite. Der zeitgenössische Reiseführer schrieb: „Die europäischen Länder verblassen gegen die enorme Ausdehnung von Amerikas Westen", und beim Besichtigen der Naturschönheiten versprach er, „daß die Seele emporgehoben wird".

Aufgegebene Zapfsäulen in der Ghosttown Bodie

In Cheyenne/Wyoming empfahl er dringend, den ***Frontier-Day*** Ende August zu besuchen, bei dem „Tausende von Cowboys und viele Cowgirls an Wettkämpfen im Bronco-Zureiten, Stiereinfangen und allen Arten von Western-Spielen teilnehmen... In ein paar Jahren werden Cowboys ein Ding der Vergangenheit sein. Die Romantik des Lebens im Wilden Westen wird dahinschwinden, bis kaum noch ein Überbleibsel davon für den Touristen übrig geblieben ist". Damals hatte Cheyenne 13 000 Einwohner, neun Hotels, fünf Autowerkstätten. Der Führer gab auch sonst viele Hinweise auf die Infrastruktur an der Strecke, etwa: „Paradise/Pennsylvania: Route beschildert durch Ort und County. Ein Hotel. Eine Maschinen- und eine Reparaturwerkstatt, eine Straßenbahnlinie, zwei Telefongesellschaften, elektrisches Licht..." Auch über das lokale Tempolimit wurde Auskunft gegeben, zum Beispiel in Lancaster: „15 Meilen pro Stunde, überwacht, aber nachsichtig". Wer im fernen Westen in Schwierigkeiten geriet, bekam für Fish Springs (J. J. Thomas Ranch)/Utah folgenden Tip: „Salbeigebüsch anzünden. Mr. Thomas kommt dann mit einem Team. Er kann Sie aus 20 Meilen Entfernung sehen".

Der Kult um die Trucks

Im Einzugsbereich des Lincoln Highway leben heute 60 Prozent der amerikanischen Bevölkerung. Mecky gehört dazu. Eigentlich heißt sie Mechthild Groß, geboren in Hannover/Niedersachsen, seit 1965 lebt sie in Akron/Ohio. Sie ist 56, sieht aus wie 45, und das bei diesem Job: Trucker.

Mecky fährt nicht einfach Lastwagen, sie fährt einen ***Triple***. Das heißt: Sattelzugmaschine plus Sattelauflieger plus zwei Anhänger, der amerikanische Road-Train. 55 Tonnen Gesamtgewicht, 33,52 Meter lang, 26 Räder, 400 PS, neun Gänge.

Ihr erster Gang am Morgen führt ins Frachtbüro, da kriegt sie ein paar Zettel mit Nummern in die Hand gedrückt. Eine ist die der Zugmaschine, die anderen die der Hänger. Sie stehen irgendwo verstreut auf dem Hof der Spedition ***Roadway*** in Chicago Heights, einer der größten Frachtfirmen der USA. Ihre „Babies“, wie sie sagt, muß sie sich selbst zusammensuchen. „Das ist der Driver's Job“, sagt sie, und schiebt eine tonnenschwere Vorderachse unter einen Auflieger, bis die gefettete Sattelkupplung einrastet.

Knapp eine Stunde dauert die Plackerei mit dem Ankuppeln, dann zieht sie die dicken Lederhandschuhe und die graue Küchenschürze aus, schnappt ihre lila Nylontasche und klettert in ihren Kommandostand. In der Tasche sind nicht nur Übernachtungsutensilien, in ihr sind alle Sachen, die das Leben in so einem Truck angenehmer machen. Autoradio zum Beispiel und CB-Funk. Die Kabine hat den Charme eines Schaltschranks, als wären Menschen darin nicht vorgesehen. Alles ist primitiv bis zur Schmerzgrenze. Dagegen war jeder Trabant liebevoll ausgestattet.

Trück Stop an der Interstate 80

Graues Plastik, graues Blech, alles klappert und rasselt, der Wagen ist verdreckt und abgelutscht. Ist das die Fernfahrerromantik? „Nein, das ist ein Job“, sagt Mecky, während sie ein mitgebrachtes Frottee-Handtuch über ihren Kunststoffsitz drapiert und das Lenkrad abwischt, „und er wird gut bezahlt“. Alles andere scheint die Driver nicht zu interessieren.

Bei ***Roadway*** reitet jeder auf jedem Auto herum, deswegen sind sie so nüchtern, so spartanisch, so verlottert. Roadway-Trucks haben nichts mit diesen chromfunkelnden, buntbemalten und mit Lichterketten garnierten Peterbilts, Kenworths oder Freightlinern zu tun, die einen der tausend Mythen des Landes erschufen, den Mythos vom Helden der Highways, dem Trucker, der frei ist und der das Land nimmt, wie er eine Hure nimmt, der wild ist und gefährlich, tätowiert und muskulös, geschmacklos und laut und der so lebt, wie sich viele Männer das wahre Leben vorstellen. Er hat eine Macho-Maschine, auf der er ganz oben thront. Sie hat verchromte Auspuffrohre, die wie Schornsteine – oder was einem sonst für Analogien einfallen – nach oben stehen, sie hat einen gewaltigen verchromten Luftfilter, ein Faß, das soviel Platz wegnimmt, daß das Cockpit ganz schmal und eng werden mußte, sie hat polierte Alutanks, verchromte Felgen und glitzernde Chromstreifen an den Schmutzfängern, die bei Nacht im Scheinwerferlicht so blinken, als würden die Räder Funken schlagen.

Die Trucker sind das pure Maskulin. Dabei ist ein Lastwagen eigentlich nur eine technische Vorrichtung, um Dinge über weite Strecken zu bewegen, und ***truck*** eigentlich nur ein Verb, das „handeln“, „tauschen“ bedeutet. In Wahrheit sind diese Lastwagen unkomfortabel, die Kontakte unterwegs flüchtig, der Zeitplan der Trucker ist mörderisch, die Monotonie ermüdend. Die Romantik, dieses freundliche sentimentale Gefühl, kommt aus dem Mythos.

Mythen, wie der vom freien Leben amerikanischer Trucker, sind langanhaltende Einbildungen, stabil eingraviert in unseren Hauptspeicher. Man meint, sie haben den tollsten Job der Welt, weil sie permanent durch dieses spektakuläre Land fahren dürfen, wie Kris Kristofferson in dem Film ***Convoy***. Oder wie Peter Fonda und Dennis Hopper in ***Easy Rider***, wo der Mythos vom Harley-Fahrer Drehmoment bekam. Sie knatterten auf dem Rücken krawalliger Motorräder durch die Wüsten, um gegen das Land und seine bornierten Menschen zu protestieren. Sie schrieen nach der Freiheit, die Uncle Sam doch jedermann versprochen hatte, aber die mal wieder nur eine Illusion war.

Easy Rider war nicht nur eine Anleitung zum Protest in aller Welt, der Film war vermutlich die beste Fremdenverkehrswerbung aller Zeiten für die USA. Millionen sind danach angereist, um dem Lebensgefühl der beiden Rebellen auf den Zahn zu fühlen und um Amerika mit vollen Zügen einzuatmen. Irgendwas scheint ja dran zu sein, am ewigen Fahren durch dieses Land, das zahlreiche Schriftsteller, wie Jack Kerouac (***Unterwegs***), Bill Bryson (***Straßen der Erinnerung***), Simone de Beauvoir (***Amerika – Tag und Nacht***), John Steinbeck (***Meine Reise mit Charley***) auf den Asphalt gelockt hat. Was macht uns bloß so nervös, wenn wir ein Foto von einer schnurgeraden Straße durch Arizona sehen, die flankiert ist von Bergen mit Karies?

Erstens ist Amerika ungemein fotogen. Seine Cinemascope-Landschaft reizt die visuellen Sinne aufs Angenehmste. Licht, Weite, Himmel, Felsen, Schluchten.

Zweitens ist der Kern beim Fahren das Abhauen. Fahren ist das Gegenteil von festsitzen, verwurzelt sein, gebunden sein, Verpflichtungen haben. Da ist dieses dumpfe, ungute Brodeln, das wir beim Wort „Pflicht“ spüren, die gegen die Natur zu sein scheint. Fahren ist Befreiung. Die Fesseln der Pflichten, des guten Benehmens, des Anstands und der Langeweile fallen ab. Wie bei den alten Pionieren: Egal was kommt, Hauptsache weg.

Beginn einer Fahrt, Mecky vor ihrem Triple

Drittens ist der Vorgang „Fahren“ etwas Meditatives, Beruhigendes, Spirituelles, und man glaubt, sich dabei selbst zu finden. Das funktioniert, so lange man nicht gestört wird, etwa durch viel Verkehr und durch große Geschwindigkeitsdifferenzen, wie wir sie aus Deutschland kennen. Auf den Interstates der USA ist der Verkehr dünn, alle haben ungefähr das gleiche Tempo drauf, ideale Voraussetzungen für meditatives Gleiten.

Viertens ist Amerika mit lauter interessanten Mythen vollgepumpt, schließlich ist die Mythenindustrie die erfolgreichste des Landes – neben den Waffenbauern. Amerikas wichtigstes Produkt sind Images, mit denen sie die Welt überziehen, als wär's ein Eroberungsfeldzug. Die schärfste Waffe der USA sind Filme, großes Kino und niveaulose Massenware. Der Ausstoß ist enorm. Amerikareisende sind auf der Suche nach den eingestanzten Bildern aus diesen Filmen, Bildern von Trucks und Truck-Stops, Cowboys, Polyester-Cafes, Neonreklamen, unbegrenzten Möglichkeiten, Breakfast in America, Wolkenkratzern, der Frontier, Shopping-Center, Macho-Pick-ups, gigantischen Wohnmobilen, Harley-Davidson, toupierten, verlebten Blondinen, Hamburgern, muffigen Motels, der Highway-Kreuzung und viel Musik, denn Jazz, Soul, Rock, Rap, Hip-Hop – all das ist „Made in America“.

Mecky spielt genervt am Radio herum, gerade gibt's einen der endlosen Werbeblöcke. Schließlich schiebt sie eine Kassette ein, Country-Music, „das Beste zum Fahren“, meint sie. Ihr Ziel ist heute Akron. 560 Kilometer entlang des alten Lincoln-Highway, mit An- und Abhängen sind das zehn Stunden, genau ihr Limit, denn sie ist Mitglied der Fernfahrergewerkschaft. Danach hat sie zehn Stunden Pause, dann fährt sie wieder zehn Stunden, und so weiter. Ein gnadenloser Rhythmus, bei dem sie oft auch nachts dran ist.

Mecky erzählt unterwegs von ihrem Leben: Mit 24 aus Hannover abgehauen, in Chicago als Haushälterin gearbeitet. Um im Land bleiben zu können, schnell geheiratet, dann schnell drei Töchter gekriegt. Er war Fernfahrer. Weil er anfing, ruinös zu saufen, hat sie sich von ihm scheiden lassen und mußte sich fortan selbst durchschlagen. „Ich bewarb mich vor zehn Jahren bei Roadway und mußte einen regelrechten Drivers-Test machen, mit Einparken des Trucks, rückwärts. Ich hab' acht Versuche gemacht, immer vor und zurück, aber ich hab' das Ding nicht gerade vor die Rampe gekriegt". Der Chef schickte sie weg zum Üben, gab ihr danach eine zweite Chance.

Mecky verdient 48 Cents die Meile. Wenn sie stramm fährt, kommt sie also auf einen Stundenlohn von 30 Dollar. Beim Laden kriegt sie 18 Dollar pro Stunde. Das macht im Jahr rund 50 000 Dollar, und die Firma zahlt Kranken- und Rentenkasse. Nur Familienleben hat sie nicht viel, denn ihr jetziger Mann ist auch wieder Trucker. Er sitzt auf der Florida-Route. Zwar versuchen sie, sich zwei Tage pro Woche zu sehen, aber das klappt nicht immer. Dafür verdienen sie gut. Haus am See, drei Pkws, darunter einen Mercedes 380 SL, älteres Modell. „Deutsche Wertarbeit ist doch besser als das, was die Amerikaner bauen", sagt Mecky.

Die Revolution

Die Geschichte der amerikanischen Autoindustrie ist ähnlich der der Eisenbahn, voller Finanz-Tycoons, gewagter Transaktionen, krimineller Tricksereien, unfreundlicher Übernahmen, Ausbootungen – die ganze Palette des Wirtschafts-Darwinismus, besonders im Dunstkreis von General-Motors-Gründer William Durant. Ein Außenseiter in diesem mafiösen Geschäft war Henry Ford. Er war ein Revolutionär. Wirtschaftsexperten sagen, Fords Lehre hatte eine größere Wirkung als der Marxismus-Leninismus. Das Gesicht der westlichen Gesellschaften änderte sich, sogar die Familienstrukturen änderten sich.

GIANT - Truckstop bei Gallup, New Mexico

Der Bauernsohn aus Michigan wurde Mechaniker, baute 1896 mit 37 Jahren sein erstes Auto und gründete 1903 die ***Ford Motor Company***. 1908 kam sein größter, sein entscheidender Erfolg: Das Modell „T". Preis 850 Dollar. Das Besondere an diesem hochbeinigen, kutschenartigen, immerschwarzen (der einzige Lack, der damals noch nicht ermattete) Vehikel war nicht nur seine enorme Produktionszahl von 15 Millionen in 19 Jahren, das Besondere war das Konzept. Ford wollte – anders als alle Konkurrenten – kein Auto für die Oberschicht bauen, sondern für jedermann, billig, einfach, robust, damit, so Ford: „jeder, der ein gutes Gehalt hat, in der Lage ist, einen zu besitzen und mit seiner Familie die Segnungen vergnügter Stunden in Gottes großartigen und offenen Räumen zu genießen".

Sie genossen dabei auch das Auto selbst. John Steinbeck bemerkt in seinem Roman ***Die Straße der Ölsardinen***: „Die meisten Babys dieser Zeit sind in einem Ford „T" gezeugt worden". Dabei soll Henry Ford die Sitzlänge der ***Tin Lizzy*** bewußt auf 96 Zentimeter begrenzt haben, um Liebe im Automobil zu verhindern.

Er verhinderte zumindest nicht die Liebe zum Automobil. 1930 gab es bereits 25 Millionen Autos in Amerika. Um solche Stückzahlen zu schaffen, mußte eine völlig neue Produktionsmethode her. Ford erfand das Fließband und erhöhte 1914 den Lohn seiner Arbeiter auf fünf Dollar pro Tag – das war das Doppelte des üblichen Salärs. Gleichzeitig senkte er den Preis des „T" auf 220 Dollar. Jeder seiner Arbeiter sollte sich einen leisten können.

Mit Fließband und hohen Löhnen wurde alles anders. Die Söhne verdienten mit ihrer anspruchslosen Arbeit plötzlich mehr als der Vater, der sich sein Leben lang geplagt hatte, um ein guter Tischler, Zimmermann oder Farmer zu werden. Er wurde nun nicht mehr ernst genommen. Auch Lehrberufe verloren ihren Reiz. Das schnelle, einfache Geld zu machen war viel „cooler".

Der Mensch wurde umgebaut und mußte seine Befriedigung nun woanders suchen. Erstens durch das Auto selbst, das er mit religiöser Inbrunst liebte, zweitens in der Freizeit und durch Konsum. ***White Castle***, die erste Hamburger-Bude für Autofahrer öffnete 1921 in Wichita/Kansas, ein Jahr später in Kansas City das erste Einkaufszentrum (Shopping Mall), 1933 das erste Autokino in Camden/New Jersey, nicht weit vom Lincoln Highway. Ende der Fünfziger gab es 4000 Drive-In-Cinemas. Im Osten entstanden aus ausrangierten Eisenbahnwaggons die rundlichen, edelstahlblanken Dinger als Schnellrestaurants an den Straßen. Die Oberfläche des Landes wurde allmählich vollständig autogerecht. Überall eröffneten Tankstellen und Motels (seltsamerweise oft von Indern betrieben), auch das Motor-Camping wurde erfunden. Während man früher auf den Pioniertrails einfach lagerte, wo es einem in Gottes freier Natur gerade gefiel, stand Gott nun

Highway 50 bei Offerle, Kansas

nicht mehr im Grundbuch. Inzwischen war das Land aufgeteilt und eingezäunt. Zelten brauchte Genehmigung und Infrastruktur.

Motels und Drive-In-Kinos revolutionierten auch die Moral der Amerikaner. Scheinprüderie löste sich in billigen Motelzimmern in Wohlgefallen auf, und im Autokino wurde das Blechgehäuse zum ***Chambre Séparée***, in dem die meist jungen Leute erstmals die körperlichen Besonderheiten des anderen Geschlechts auskundschafteten.

Die Bewohner einer Kleinstadt begegnen sich nicht mehr auf der guten alten Mainstreet, denn die gibt es nicht mehr, sondern allenfalls im Shopping Center. Auch auf dem Highway setzten sich neue Formen der Kommunikation durch: bei den Truckern der CB-Funk, ansonsten der ***bumper sticker***, der Aufkleber, wie etwa dieser aus einer Redwood-Gegend in Nordkalifornien: „Hungrig und ohne Arbeit? Iß einen Umweltschützer!"

Kommuniziert wird natürlich auch mit dem Styling des Autos, seiner Körpersprache. In einer Gesellschaft, die Selbstbehauptung, Selbstverteidigung und den Einzelkämpfer als Ideale verehrt (John Wayne, John Rambo), müssen Autos einfach groß sein. ***Family Cars*** nennen die Amerikaner diese aufgeblasenen, zuweilen angsteinflößenden Schlitten. Und die beliebten Pick-ups haben oft den Charme von Zuchtbullen. Für uns Europäer jedenfalls.

Trotzdem fahren die Amerikaner sehr gemach und defensiv – selbst in Montana, wo es tagsüber kein Tempolimit mehr gibt. Über den Spritverbrauch der King-Size-Autos denkt bei dem im Vergleich zu Europa lächerlich niedrigen Preis von knapp 50 Pfennigen pro Liter Benzin kaum jemand nach. Bei so billiger Energie wird auch erklärlich, warum der Durchschnittsamerikaner beinahe doppelt so viel davon verbrennt wie der Deutsche. Die Ankündigung der Clinton-Regierung, den Benzinpreis mit einem halben Cent pro Liter mehr zu besteuern, löste einen Sturm der Entrüstung aus. Denn – so sieht es die Mehrheit der Amerikaner – die Freiheit der Bewegung war in Gefahr!

Als eine Hausfrau in einer Fernsehsendung gefragt wurde, warum sie ein Auto, aber keine Badewanne habe, antwortete sie: „Badewanne? Damit komme ich nicht in die Stadt!"

Das neue Bild der Städte

Es ist schon längst vergessen, aber zu Beginn des 20. Jahrhunderts hat die Tram die Städte verändert. Los Angeles, das allein zwischen 1900 und 1920 von 100 000 auf 600 000 Einwohner wuchs, wurde mit Hilfe von Straßenbahnen zum Prototyp krakenartiger Ausdehnung. 1940 hatte die Stadt ein 2000 Kilometer langes Netz von elektrischen Bahnen, an denen Vororte wie Beverly Hills entstanden. Die Herren der Tram waren Bodenspekulanten, die die Grundstücke entlang der Linien mit Gewinn verkauften.

Den Automanagern war die „Elektrische“ natürlich ein Dorn im Auge. Daher gründete General Motors zusammen mit Rockefellers Standard Oil und dem Reifenhersteller Firestone 1938 die ***Pacific City Lines***, eine mit viel Kapital ausgestattete Straßenbahngesellschaft. Sie kaufte nach und nach Aktien der kalifornischen Straßenbahnen auf, bis sie die Kontrolle über sie besaß. Anschließend hat sie diese einfach beseitigt und durch Omnibusse von General Motors ersetzt, die viel weniger Passagiere befördern konnten. So wurden die Menschen gezwungen, Autos zu kaufen, und die Regierung gezwungen, Straßen zu bauen. Bis 1949 war General Motors am Beseitigen von mehr als 100 Straßenbahnsystemen in 45 Städten der USA beteiligt. Der Konzern wurde deswegen sogar angeklagt und mit 5000 Dollar (!) bestraft, H. C. Grossman, der verantwortliche Finanzvorstand, mit einem Dollar.

Mit der landesweiten Automobilisierung fingerten die Städte endgültig raus in die Landschaft. Dafür verödeten die alten Stadtzentren, auch in Amerikas sentimental verehrter ***Small Town***, der alten Seele der Nation.

Typische Ausfallstraße oder „Commercial Road“

Und wenn ich jetzt unsere Einkehr in Marmarth beschreibe, dann ist das nur ein Beispiel von Tausenden, einer Tragödie, die die amerikanische Stadtlandschaft getroffen hat. Marmarth liegt am Highway 12, ganz links unten in North Dakota, und das Café unserer Wahl heißt ***Cafe***. Es bietet laut Schild außerdem Benzin, Lebensmittel, Sandwiches und Pizza. Das Ambiente möchte ich als ungemütlich-abwaschbar, verblaßt bonbonfarben, Vinyl-Skai-Resopal-Neon-PVC-Styropor-TV-mäßig bezeichnen, gradlinig aus den Sechzigern, vielleicht sind’s auch die Fünfziger, ins Heute gerettet. Diese Zeit muß ungemein produktiv gewesen sein, denn sämtliche US-Small-Towns zehren noch immer von der damaligen Möblierung. Ich schätze, weil seitdem das Geld zu knapp war, um ästhetisch mitzuhalten. Mit ihrer alten Art des ‘Schöner Wohnens’ fällt die Provinz immer weiter zurück. Anschluß verpaßt.

Ganz Marmarth ist ein Trauerspiel. Ein Ort voller Häuserleichen, ein Open-Air-Museum amerikanischer Geschichte, bei dem sämtliche Exponate verrammelt sind. Die ***Westland***-Tankstelle trägt abgeplatzten Lack auf ihrer simplen Architektur, Gras wächst zwischen den Tanksäulen, alles verriegelt. „Mastercard“ steht noch am Fenster. Beim ***Cactus Club*** sind oben die Scheiben eingeschlagen, unten sind die Fenster mit Spanplatten vernagelt, im Eingang steht eine verbeulte Mülltonne. Das ***Mystic Theater***, ein hübsch verzierter, klassizistischer Bau „since 1914“, ist verstaubt, versperrt, verlassen. Leben ist aus Marmath/North Dakota fortgewandert.

Noch 1950 wohnte jeder dritte Amerikaner auf dem Land, heute sind es weniger als fünf Prozent. Die Industrialisierung der Landwirtschaft erledigte die kleinen Familienfarmen.

Viele Amerikaner sehen diese Entwicklung mit Sorge, und vereinzelt regt sich Widerstand. Im Städtchen Bonaparte/Iowa haben die Bürger ihre alte Hauptstraße aufgekauft, die 1986 komplett leerstand. Mike Gunn, Chef einer kleinen Kunststoffabrik im Ort, fand das unzumutbar: „Ein Ort, in dem man nichts mehr kaufen kann, lebt nicht mehr". Inzwischen hat fast jeder Einwohner 3000 Mark in eine Gemeinschaftskasse gezahlt. Der ***Grocery Store*** konnte wieder geöffnet werden, dann eine Eisenwarenhandlung, eine Arztpraxis und nach und nach viele Geschäfte mehr. Inzwischen weisen Schilder am nahen ***Highway 2*** auf die neue Attraktion hin.

Bonaparte ist kein Einzelfall: Von 1990 bis '95 sind 1,6 Millionen Amerikaner zurück aufs Land gezogen. Gründe: Kein Stau, saubere Luft, kaum Kriminalität und nicht die häßliche Rendite-Architektur der größeren Städte der USA.

Deren Einfallstraßen wurden seit den zwanziger Jahren immer lauter, daher wohnte man an ihnen nicht mehr gerne. Folge war das sogenannte ***Strip Development***. Gewerbe siedelte sich an, weil die Grundstücke billig und leicht erreichbar waren. So entstand die typische Business-Street voller Tankstellen, Schnellrestaurants, ***Super-Value-Marts***, Plakatwänden, Leuchtreklamen, ShoppingCenter, Reifenhändlern,-Autodealern und Kirchen, die „die Stadtlandschaft an den Rändern mit eiternden Wunden vergiften", wie P. Blake 1963 in seinem Buch ***God's Own Junkyard*** (Gottes eigener Schrottplatz) befand. Die California Highway Commission sprach schon 1922 vom „optischen Schmutz" am Straßenrand.

Lady Bird wollte das alles ändern. Das Steckenpferd der Ehefrau von Präsident Lyndon B. Johnson war der Kampf gegen die Verhäßlichung ihres Landes. Sie setzte 1965 den ***Highway Beautification Act*** durch, der unter anderem das Aufstellen von Reklametafeln an Bundes-Highways verbot. Drei Jahre konnte sich das Gesetz halten, dann hatte es die Werbebranche wieder gekippt.

Sterbende Main Street, Bridgeport, Nebraska

Die Straßenwerbung veränderte sogar die Sprache. Damit die Automobilisten im Vorbeifahren die Schilder lesen konnten, wurde das ***Speed Reading*** mit verstümmelten Worten erfunden. Aus einer ***Crossing*** wurde ein ***X-ing***, aus ***Barbeque*** ein ***BBQ***, aus ***easy*** wurde ***e-z***, ***through*** mutierte zu ***thru***, statt ***sea view*** las man ***c-vu***. Die Motor-Lingo setzte sich auch auf den Autokennzeichen fort, deren Zahlen- und Buchstabenkombinationen gegen eine Gebühr frei wählbar sind. Nummernschilder werden so zu Trägern verschlüsselter Botschaften, wie die eines Urologen in Laguna Beach/Kalifornien. Er hat das Kennzeichen „2PCME" („To pee see me" – zum Pinkeln komm' zu mir).

Der ***Lincoln Highway*** blieb nicht lange die einzige Ost-West-Durchgangsstraße. Bald entstand ein System von Routen quer über den Kontinent. 1926, als es schon Hunderte von Highways senkrecht und waagerecht durch das Land gab, hat die Regierung das Namenschaos der Straßen beseitigt. Im Rahmen des ***Federal Highway Systems*** wurden alle Highways nach Himmelsrichtungen durchnumeriert. Alle Highways in Ost-West-Richtung erhielten gerade Nummern, im Norden mit der 2 beginnend, bis zur 90 im Süden, alle Nord-Süd-Richtungen wurden mit ungeraden Ziffern benannt, die 1 war ganz im Osten, Nummer 101, der alte Camino Real, führte entlang der Pazifikküste.

In der Mitte führte eine Durchgangsstraße (bis dahin auch ***Old Trails Highway*** genannt) von Chicago nach Los Angeles, die der Logik nach eigentlich die Nummer 60 hätte tragen müssen, aber man taufte sie ***Sixty Six***.

1830, vor dem Bau der Eisenbahn, war Chicago noch ein morastiges 300-Seelen-Dorf.

Jackson Boulevard, Route 66 nach Westen

Rush-Hour in der Adam Street, hier begann die Route 66

Karin Spiegelhold, Begegnung im Art Institute of Chicago

Die „Tejos Pistoleros" veranstalten ein „Traditional Cowboy Shooting", Arcadia, Route 66

Seit den Tagen der Planwagentrecks gehören Schießeisen zur Grundausstattung im ‚Wilden Westen'. Motto: „Ich wehre mich höchstpersönlich. Der Staat, das bin ich."

Sie bleiben auf dem Boden – Hot Air Balloon Fiesta, Albuquerque

„Touch down“ am Rio Grande, Albuquerque Balloon Fiesta, Route 66

Angel + Vilma Delgadillo verkaufen „Memorabilia", Seligman Arizona

Steil und kurvenreich windet sich die alte 66 über den Sitgreaves Pass

Zwischen Barstow und Victorville heißt die parallel zur Union Pacific verlaufende 66 noch „Old Trails Highway". California

Fred Gay, Antiquitätenhändler in Oatman am Sitgreaves Pass, Arizona

Die gesperrte 66-Brücke „Chain of the Rocks" überspannt den Mississippi bei St. Louis

Wie ein Schatten liegt die alte 66 neben dem Interstate 40 bei Albuquerque

Die Santa Barbara Mission war eine von 21 Missionen am Camino Real

Wohlstands-Ikonen, die „Billboards" am Sunset-Boulevard, Hollywood

Hier endete einst der Spanish Trail: Olvera Street, Los Angeles

Die Beachpromenaden von Santa Monica: Paradies für Inline-Skater.

Highways

National Road

Amerikas eigentliche *Mother Road* war die sogenannte *National Road* oder *Cumberland Road* zwischen Baltimore, Wheeling und Vandalia. Sie war die erste offizielle nationale Straße und führte gepflastert über die *Allegheny* Mountains nach Westen. Cumberland war damals (wie später Franklin und Independence am Missouri) der wichtigste Startpunkt für die Pferde- und Maultierkarawanen über die Gebirge nach Westen. Dieser Gebirgszug der Appalachen erscheint uns heute aus dem Auto als unbedeutende Hügelkette, für die Bewohner der Oststaaten war dies Anfang des 19. Jahrhunderts allerdings eine schwer zu überwindende Barriere auf dem Weg nach Ohio, Indiana und Illinois. Die wenigen Verbindungen zwischen einzelnen Städten waren häufig mit Holzplanken bedeckt (*corduroy roads*), damit die Fuhrwerke nicht im Matsch steckenblieben.

1806 wurde auf Geheiß von Präsident Jefferson entlang eines ursprünglichen Indianerpfades mit dem Bau begonnen. Ein Streifen von 66 Feet (22 Meter) war von Büschen und Bäumen zu befreien, das Straßenbett sollte 30 Feet (etwa 10 Meter) breit werden. Die *Cumberland Road* war anfangs eine gebührenpflichtige turnpike (benannt nach den drehbaren Schranken) für Postkutschen und *Conestoga*-Planwagen. 1824 war die *Mother Road* schon so ausgefahren und überlastet, daß im Eilverfahren ein Gesetz zum Ausbau verabschiedet wurde. 10 Jahre vor den ersten Automobilen waren übrigens Radfahrer die Speerspitze der Bewegung für bessere Straßen. Mit dem Aufkommen der *safety bikes* entwickelte sich das Rad vom Akrobatiksportgerät weniger Reicher zum Volkstransportmittel, und die Fahrrad-Liga, die *League of American Wheelmen*, initiierte erfolgreich das *Good Roads Movement*, dem sich bald die Farmer anschlossen.

Die *National Road* hat als *Highway 40* überlebt. Die Forty beginnt heute in Atlantic City, durchquert die USA und verläuft im Westen ab Wells, Nevada, bis Sacramento ursprünglich entlang des alten *California Trail*. Heute folgt die US-40 bis Denver meist der *Interstate 70* und zwischen Salt Lake City der *Interstate 80*. Aus Platzgründen können wir nur auf den ursprünglichen Abschnitt bis Wheeling eingehen.

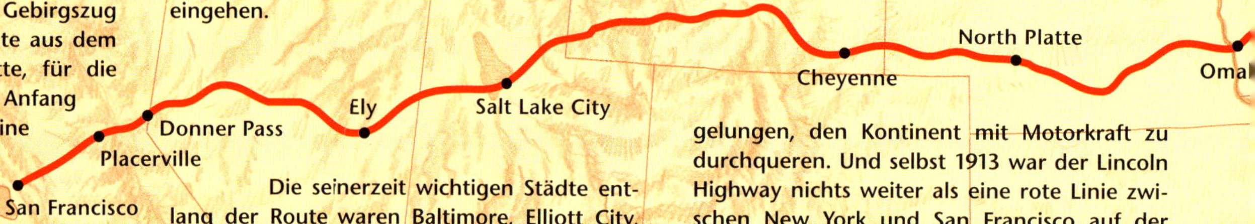

Die seinerzeit wichtigen Städte entlang der Route waren Baltimore, Elliott City, Frederick, Funktown, Hagerstown, Hancock, Cumberland, Uniontown, die Kleinstadt Washington und schließlich Wheeling am Ohio River. Parallel zur I-70 sind in den Straßenkarten neben der neuen US-40 (Freeway und zweispurige Landstraße) auch die *„ALT 40"* als touristische Alternative eingetragen. Folgen Sie der *„ALT 40"*, denn sie führt immer durch die *Main Street* der Städte. In Elliot City oder Frederick scheint sich dank engagiertem Denkmalschutz nicht allzuviel verändert zu haben: Small Town America. Am Straßenrand fallen immer wieder die alten weißen Meilensteine der „Cumberland Road" auf. Ein paar Meilen nordwestlich von Union steht noch eines der letzen Mauthäuser, das Searights Tollhouse aus dem Jahre 1837, heute ein kleines Museum.

Zollhaus bei Union, Cumberland Road

Lincoln Highway

Die erste transkontinentale Route zum Pazifik war nicht – wie oft behauptet – die *Route 66*, sondern der *Lincoln Highway*. Bis 1913 war es weniger als 150 Autofahrern gelungen, den Kontinent mit Motorkraft zu durchqueren. Und selbst 1913 war der Lincoln Highway nichts weiter als eine rote Linie zwischen New York und San Francisco auf der Amerikakarte. Es gab weder Straßenschilder noch Straßenkarten.

Ein zweispuriger, betonierter Allwetter-Highway quer durch die Nation war die Vision der Geschäftsmänner Carl G. Fisher und Henry Joy und ein Muß für die boomende Autoindustrie. 1907 gab es gerade einmal 44 000 Autos in den Vereinigten Staaten, 1912 waren es schon fast 380 000 und 1915, als mit dem Bau des Lincoln-Highways begonnen wurde, hatten 700 Autofabriken schon zwei Millionen Automobile produziert. Mit denen konnten ihre Besitzer allerdings nur im Stadtverkehr herumfahren, denn außerhalb der Städte gab es weniger als 800 Meilen feste Straßen.

Die *Lincoln Highway Association*, eine finanziell gut ausgestattete Promotionagentur, suchte private Geldgeber, trieb dadurch die Realisierung voran und brachte ab 1916 auch einen detaillierten Reiseführer – *A Complete Official Road Guide of the Lincoln Highway* – heraus. Denn der neue Highway war keine durchgehend geplante Trasse, sondern eher ein Zusammenflicken bestehender Straßen. Ab 1923 verband der alte Lincoln-HWY durchgehend und zweispurig den Times Square in New York mit dem am Golden Gate von San Francisco gelegenen Lincoln Park. Die erste Verbindung *Coast to Coast* – 3389 Meilen.

Der Lincoln Highway wurde zum Vorreiter des *U.S. Federal Highway Systems* und durch dieses System binnen weniger Jahre wieder beseitigt. Denn kaum war der Bau 1923 abgeschlossen, wurde der Lincoln Highway von neuen Straßen verdrängt und überlagert.

1926 gingen seine vielen Teilabschnitte im neuen *Federal Highway System* unter. Der Lincoln Highway geriet rasch in Vergessenheit. Selbst Taxifahrer vom Times Square, die ihre Gäste durch den Lincoln Tunnel (1924 gebaut) hinüber nach Newark fahren, wissen meist nicht, daß dies der Beginn der *Main Street of America* war.

Lincoln-Highway-Meilenstein

1993 gründete sich erneut eine *Lincoln Highway Association*. Diesmal nicht, um das Autofahren zu fördern, sondern um die Reste des alten „glorious Lincoln Highways" zu suchen, die letzten Spuren zu retten. Die Gesellschaft brachte die alten Ausgaben von 1916 und 1924 des Reiseführers als Reprint heraus und ermöglicht dadurch kleine Ausflüge in die Geschichte. Nicht nur die Werbeseiten und Reisetips sind ein Lesegenuß, auch die Streckenführung ist – wenn man heutige Autokarten zur Hilfe heranzieht – immer noch nachzuvollziehen.

Von New York bis Philadelphia wurde der *Lincoln Highway* vom *Provinz-Highway 27* übernommen und von der US-1 ausgeblutet. Von Philadelphia durch Illinois, Iowa und Nebraska bis zum westlichen Wyoming haben allerdings fast 1500 Kilometer des ursprünglichen Highways als US-30 überlebt. Auf diesem Abschnitt hat er viele Namen: *Route 30, New 30, Old 30* oder *New-old 30*. Zwischen Coatesville und Lancaster führt die US-30 mitten durch die Gemeinden der *Amish*, die im 18. Jahrhundert aus Deutschland einwanderten und sich bis heute Elektrizität, Autos und anderen 'nichtgottgewollten' Verlockungen konsequent widersetzen.

Vor allem auf kleinen Nebenstraßen, die unmittelbar parallel zur häufig vierspurig ausgebauten *US 30* führen, hat man eine Chance, den ursprünglichen Highway zu entdecken. Während in Pennsylvania die *30* den Susquehanna auf einer modernen Betonbrücke überquert, verbindet der alte Highway in Sichtweite die Städtchen Wrightsville und Columbia auf einer alten Steinbrücke. Sehr schön ist auch die Strecke Chambersburg über die Berge nach McConnellsburg und weiter nach Breezewood: malerische Landschaft, Small Town America mit alten verfallenen Hotels und Garagen. Hier findet man noch die alten Meilensteine mit der Bronzebüste Lincolns, die 1928 die Pfadfinder aufgestellt haben.

Südlich von Chicago berührt der Lincoln Highway bei Chicago Heights die Industriereviere und kreuzt bei Joliet eine ebenfalls längst vergangene Konkurrentin im Highway-Netz, die *Route 66*. Jetzt folgt der Lincoln-Highway mehr oder weniger der Interstate-80. In Nebraska folgen beide Straßen im Tal des *North Platte River* über weite Strecken den Spuren des *Oregon Trail*. In Wyoming verläßt die *Thirty* hinter Cheyenne für einen kleinen Schlenker über *Medicine Bow* die I-80, um 100 Meilen weiter wieder „aufgefressen" zu werden.

Am *Donner Pass* lohnt es sich, nach der alten Paßstraße zu suchen. Die Straße vom *Donner Lake* hinauf zur *Donner Ski Ranch* führt über die alte Route, die Paßhöhe ist allerdings gesperrt und man muß zurück auf I-80. Eine Alternativroute des Lincoln Highways führt von Wendover bis Ely auf der US-93, bis Reno über die US-50 und danach auf der US-40 bis San Francisco.

Will man historischen Spuren folgen, lohnt das Buch *U.S. 40 TODAY*, das mit vergleichenden Fotos das Gestern und Heute gegenüberstellt und auch beispielhaft dokumentiert, wie sich das Straßenbild der USA in wenigen Jahren verändert hat.

Kontaktadressen und Literaturhinweise erhalten Sie auf den Info-Seiten 196–199.

Highway 50

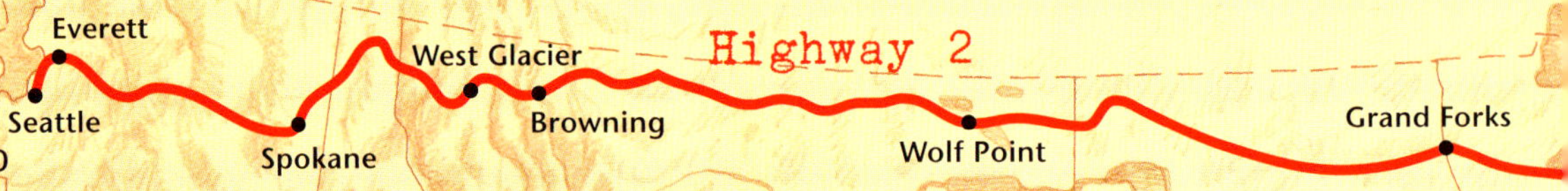

Der *Highway 50* war ebenso wie US-40 oder US-30 bis zur Einführung des Interstate-Systems eine der Hauptverkehrsadern Amerikas. Heute ist er mit der US-2 einer der wenigen Highways im 1926 angelegten Gitternetz des Federal Highway Systems, welcher die USA *coast to coast* mit einer einzigen Streckennummer durchquert. Die *Famous Fifty* wurde einst „Amerikas zentrale Vergnügungsstraße" genannt, berührte sie doch nicht nur Städte wie St. Louis oder die Westernstadt Dodge City, sondern auch einige der schönsten Nationalparks der USA.

Mich hat vor allem das Buch *Highway 50* des Journalisten Jim Lilliefors mit seinen zum Teil bizarren Geschichten über Land und Leute entlang der Route auf die *Fünfzig* gelockt. Sie ist sicher nicht mehr die „einsamste Straße" Amerikas, das ist schon eher HWY 2, aber eine Route mitten durch Amerika – nicht nur geografisch.

Die *Fifty* beginnt in Ocean City, Maryland. Das ist eines jener fürchterlichen Seebäder voller Kitschläden, Kneipen, riesiger, überfüllter Parkplätze und *amusement parks*, in denen ich es freiwillig keinen Tag aushalten würde.

Hat man Ocean City hinter sich gelassen und auch die moderne Schnellstraße, stößt man immer wieder auf die ursprüngliche Strecke: kleine Nebenstraßen entlang malerischer Buchten in der *Chesapeake Bay*. Tip: In Easton sollte man den Schildern nach St. Michel, einem alten Fischerdorf auf der Tilghman-Halbinsel, folgen. In der Hauptstadt Washington verwandelt sich der Highway in die *Constitution Avenue*, die am *Vietnam Veteran Memorial* vorbeiführt.

Die *Appalachian Mountains* machen dem modernen, häufig vierspurigen Highway längst nicht solche Schwierigkeiten wie den alten Handelsstraßen, denen die Fifty heute folgt. Durch die Kohlenreviere Virginias heißt die Fifty heute *Lee Highway*. In Bedford/Indiana wurden immer schon für die Größe Amerikas Steine gebrochen: *Bluestone* und Kalkstein für das *Pentagon* oder das *Empire State Building*. Und glaubt man Lilliefors, wollten hier die Behörden in den 70er Jahren als Touristenattraktion drei gewaltige Pyramiden wie im ägyptischen Gizeh bauen. Was schon im Planungsstadium mißlang, weshalb heute die Touristen rasch weiter nach Westen fahren. Von St. Louis, dem 'Tor zum Westen', geht es nach Jefferson, der malerisch am Missouri gelegenen Hauptstadt Missouris. Die kreuzenden Straßen in den nahen *Ozarks* tragen keine Nummern, sondern Buchstaben, und diese geheimnisvollen AAs, ZZs oder MAs verwandeln jede Abfahrt in den Eingang eines Labyrinths.

Filmlager in Salzkaverne, Hutchinson

Kansas überrascht nur den Fremden mit seinen Weizenfeldern und den größten Getreidespeichern „of the world". Die sollen in Hutchinson liegen, einem Ort, der in wenigen Reiseführern auftaucht. Und wenn, dann nur wegen des Raumfahrtmuseums, dem zweitgrößten der USA. Die eigentliche Überraschung Hutchinsons liegt 200 Meter unter den Weizenfeldern. In einem durch Kalibergbau entstandenen Höhlensystem eines gigantischen Salzstocks lagern seit 1959 Amerikas wertvollste Güter: Coca Cola sichert hier sein Geheimrezept, Autokonzerne hüten alte Akten, Hollywood die Originale seiner Kinohits, Ehepaare konservieren ihre Hochzeitsgewänder (denn sie vergilben hier unten nicht), Kirchen stapeln Paletten mit Bibeln für „den Tag danach" – tief im Salzstock, unter absolut konstanter Temperatur und vor allem: atomschlagsicher.

Dodge City war eine wichtige Westernstadt am *old cattle trail* nach Texas. Doch wirkliche Cowboys arbeiten heute nur noch als *feed lot cowboys* in den riesigen Mastfabriken des Umlandes. Ab Dodge City folgt die *Fifty* dem *Santa Fe Trail* bis La Junta und bezwingt von nun an das, was die Helden von damals mit ihren *Conestogas* hier nicht wagten: die Rockies.

Sally kocht im Cimarron Inn

Ab jetzt begleiten Nationalparks die *Fünfzig*, sie wird zur *Scenic Road*. Kurz hinter Canon City führt bei *Royal Gorge* „die höchste Hängebrücke der Welt" über eine 320 Meter tiefe Schlucht. Die historische Brücke trägt auch Automobile, war aber nie Teil der *Fünfzig*, sondern wurde mit dem alleinigen Zweck gebaut, Touristen anzuziehen.

Wenn Sie jetzt auf dem Weg nach Westen irgendwann auf der rechten Seite *Cimarron Inn* lesen, unbedingt anhalten. Ich hatte den Tip aus Lilliefors' Buch und kann ihn bestätigen. Ben Vigil ist ein überzeugter Redner und Sally, seine herzliche Frau, eine hervorragende Köchin.

In Grand Junction wird die moderne *Fifty* von der I-70 gefressen, als Abkürzung, denn die alte *Fifty* folgte ab Green River der Route des alten *Spanish Trails*. Eine Schotterpiste bis Castle Dale und von dort über die kleine Nebenstraße 10 zurück zum I-70. Ab Salina wird die *Fifty* dann wirklich einsam, denn sie verläßt jetzt die I-70 und folgt dem Kompaß nach Westen über Eureka, Austin bis zum *Lake Tahoe* in der Sierra Nevada. Hier stößt die Famous Fifty leider auf Interstate 80, die schon den Lincoln Highway verschlungen hat. Aber jetzt sind es nur noch 100 Meilen bis Sacramento, ein Katzensprung.

Highway 2

Highway 2 verbindet Houlton an der Grenze Maines zum benachbarten Kanada mit dem Pazifik. Hier an der Grenze trifft die Two auch auf die alte US-1, die nicht – wie oft angenommen – entlang der Westküste (dort heißt sie *California 1*), sondern entlang der Atlantikküste führt. Die *US-2* ist tatsächlich einer der letzten einsamen West-Ost-Highways durch die USA und eignet sich für all jene, die Amerika abseits der großen Touristenströme erleben und die Sommerhitze des Mittleren Westens und des Südens meiden wollen.

Schon der Beginn der Route durch die dichten Wälder und beschaulichen Ortschaften Neuenglands ist ein Erlebnis, vor allem während des Indian Summer. Von der *Zwei* ist es weder weit zum *Baxter State Park* (wo auf *Mount Katahdin* der *Appalachian Trail* endet) noch zur spektakulären Steilküste des *Acadia National Parks*. Bethel oder Hanover heißen die Ortschaften an der Strecke, *Small Town America*. In New Hampshire berührt man die *White Mountains* und kreuzt wieder den Appalachian Trail. Hier lohnt in jedem Fall eine Wanderung oder Fahrt mit der Zahnradbahn hoch auf den *Mount Washington*, den „windigsten Berg der Welt".

US-2 verliert sich im Bundesstaat New York und ist auf Straßenkarten erst wieder im nördlichen Michigan, nördlich des Michigan Lakes, aufzuspüren. Ab Grand Forks folgt der Highway der Eisenbahn, der *Great Northern Railroad*, die auch ihre Geburtshelferin war, treu bis zum Pazifik. Die Reise auf dem einsamen Highway durch die Weiten von North Dakota (Abstecher zu den Badlands) und Montana vermittelt Wildwest pur.

Browning im *Blackfeet Indian Reservation* ruft alljährlich im Juli die Prärieindianer zu den *North American Indian Days*. In Browning sollte man den Highway 2 kurz verlassen und den Weg über US-89 und den *Going-to-the-Sun-Highway* durch den *Glacier National Park* wählen. Schöner noch als die Autofahrt über den 2031 Meter hohen Logan-Paß ist eine Tageswanderung entlang der *Garden Wall*. Den Autoschlangen vor dem Paß entkommen, läßt man hier die gewaltigen Touristenscharen zu Fuß schnell hinter sich.

Straßenschild bei Wolf Point

Nach ein paar Meilen durch Idaho ist auch schon der Bundesstaat Washington erreicht. Hinter Spokane wird die Zwei wieder sehr einsam und führt durch trockenes Farmland. Leavenworth in den *Cascade Mountains* kann man beim besten Willen nicht übersehen. Die kitschige Kopie eines bayerischen Dorfs ist derart beliebt bei unseren Gastgebern, daß es einem als Deutschen etwas peinlich ist. Dafür entschädigt die Fahrt durch die Berge und den *Mt. Baker Snoqualmie National Forest*. Und bevor man sich ins kosmopolitische Seattle stürzt, ist eine Besichtigung der Boeing-Werke in Everett zu empfehlen.

Kontaktadressen und Literaturhinweise erhalten Sie auf den Info-Seiten 196–199.

Geschichte

An der Ecke *Jackson Boulevard* und *Michigan Avenue* in Chicago begann sie ursprünglich, die Mutter aller Straßen, die *motherroad*, wie sie John Steinbeck nannte. Und sie endete nach fast 4000 Kilometern in Santa Monica, dort, wo der *Santa Monica Boulevard* auf die *Ocean Avenue* trifft.

1926 wurde aus ehemaligen Trampelpfaden und kleinen Verbindungsstraßen offiziell die *Route Sixty Six*. Gerade mal 800 dieser 2448 Meilen waren damals als Straße zu bezeichnen, mit einem Belag aus vor Ort gegossenen Betonplatten.

Ab 1937 war die Route 66 durchgehend mit Betondecke versehen und wurde auch für Truppentransporte genutzt. Als 1946 Jack D. Rittenhouse *A Guide Book to Highway 66* herausbrachte, hatte die *Sixty Six* ihre goldenen Jahre, und der Straßenführer wurde zu ihrer Bibel. Die Route war allerdings bald überlastet, Staus waren in vielen Ortschaften die Regel und die Anlieger beschwerten sich darüber, daß man kaum noch die Straße überqueren konnte.

„Freeways!" hieß das neue Zauberwort. Die vierspurigen Interstates, die seit den 70er Jahren die USA flächendeckend wie ein Spinnennetz überziehen, schienen die rettende Lösung. Von Chicago hatte bald die Interstate 55 die Route bis St. Louis im Griff, von St. Louis bis Oklahoma die I-44, von Mississippi bis Barstow fraß die I-40 die *Sixty Six*, in Kalifornien bis San Bernardino war es die I-15, und schließlich übernahm Interstate 10 die letzten Meilen bis Los Angeles.

Über Nacht waren die Kleinstädte mit ihren Tankstellen abgeschnitten, keiner fuhr mehr von der Interstate runter. Die Häuser verfielen, Tanksäulen rosteten vor sich hin. Geisterstädte enstanden, aufgereiht wie auf einer Wäscheleine. Nur der Mythos, die Legende überlebte. Der Ohrwurm „Get your kicks on Route 66" (Nat King Cole; Rolling Stones, u. a.) machte sie unsterblich. Und die Fernsehserie „Route 66", die jahrelang über die Mattscheibe flimmerte, tat ein übriges für die Legendenbildung.

Aber all das half nichts, denn ab den 70er Jahren wurde die dahinsiechende 66 endgültig demontiert. 1985 wurden die letzten 66-Schilder entfernt. Tod per Dekret. Die 1983 gegründete *Route 66 Association* versucht nun, die Flamme der Nostalgie am Leben zu halten. Es ist auch eine Suche der Amerikaner nach sich selbst: Die *Sixty Six* als Mythos Amerikas.

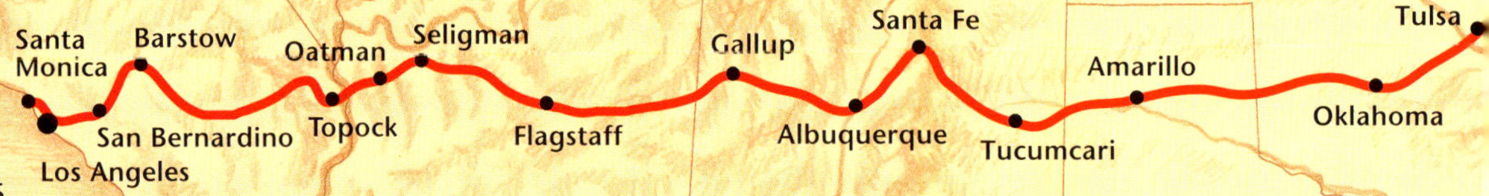

Route

Schon in Chicago beginnt die Suche nach der 'Legende' als Hindernislauf. Auch mit Tom Snyders *Streckenpilot* gelingt es nicht auf Anhieb. Hat man Cicero, einst gefürchtetes Gangsterviertel, hinter sich gelassen, sucht man ständig nach Schildern in Richtung Joliet (hier kreuzt der *Lincoln Highway*), Elwood und Wilmington, wo das bizarre *Launching Pad Café* zum Halten einlädt. Jetzt wird die Orientierung

Rocket Man, Launching Pad Cafe

leichter, denn nun folgt die alte 66 schüchtern der Interstate, so brav parallel, daß man sie auf der Straßenkarte fast als deren Schatten wahrnimmt. In McLean gilt der Truckstop *Dixie Truckers Home* seit 1928 als Institution.

Bei Mitchell kurz vor St. Louis führt eine kleine Straße (Ausfahrt Illinois 203) zu der heute grasüberwucherten *Chain of the Rocks Bridge* über den Mississippi nach St. Louis. Die durch den Thriller „Die Klapperschlange" berühmt gewordene Stahlbrücke, die in Flußmitte einen 45°-Knick aufweist, ist trotz Wegbeschreibung schwer zu finden und der Zugang durch Stacheldraht und 500-Dollar-Strafe verkündende Verbotsschilder versperrt.

Hinter St. Louis in Missouri ist die Route 66 von der Interstate 44 zur reinen Servicestraße degradiert und verläuft, von Schlaglöchern übersät und ohne Mittelstreifen, unmittelbar neben der Autobahn.

Oklahoma hat ein Faltblatt zur 66 mit den Sehenswürdigkeiten aufgelegt; sie ist für Touristen eine der Hauptattraktionen des *Sooner States*. Oklahoma war das Ziel der Vertreibung der 'fünf zivilisierten Stämme' und bedeutet in der Sprache der Cherokee „Roter Mann". Wenige Jahre später wurde den Indianern ihr verbrieftes Land ein zweites Mal abgenommen. Das geraubte Land löste unter den Weißen einen „Run" auf dieses 'neue' Ackerland aus – diejenigen, die sich schon eher, „sooner", und illegal Land aneigneten, nannte man *Sooner*.

In Tulsa erinnern die zahlreichen Art Deco Gebäude an die Boomzeiten, als Tulsa noch *„World Oil Capital"* war. Nach Arcadia lockte uns eine alte runde Holzscheune und ein traditionelles Cowboy-Shooting, in Oklahoma der Viehmarkt und natürlich die *Cowboy Hall of Fame*, die vor allem John Wayne und Hollywood huldigt.

Die Fahrt durch Texas' „Pfannenstiel" ist kurz, Höhepunkt am Straßenrand ist die *Cadillac Ranch* westlich von Amarillo. 10 Straßenkreuzer stecken seit der „Ölkrise" 1974 in Reihe kopfüber im Acker und recken hilflos ihre Flossen in den Himmel. Mittlerweile sind es nur noch mit Graffiti überzogene Skelette ohne Scheiben, und alles Abschraubbare fehlt.

In New Mexico hat man hinter dem riesigen Truck-Stop Tucumcari die Wahl, der vor 1937 genutzten 66 über Romeroville, Las Vegas und Santa Fe zu folgen, oder der Abkürzung ent-

Cadillac Ranch bei Amarillo

Chain of the Rocks - Brücke

lang der I-44 direkt nach Albuquerque. Um Übernachtungsmöglichkeiten muß man sich auch hier keine Sorgen machen. Als Faustregel gilt: Route-66-Klassiker sind mit etwa 25 US-$ pro Nacht die günstigsten Motels an der Route, die modernen Hotelketten bieten für das Zwei- bis Dreifache zwar standardisierten Komfort, aber wenig Flair.

Wer in Arizona der 66 die Treue hält, beweist wahre Liebe. Denn spektakuläre Nationalparks wie der *Grand Canyon* oder auch *Canyon de Chelly* verführen zu Seitensprüngen. In Arizona liegen allerdings auch die schönsten Abschnitte der Route 66. In Seligman lohnt ein Halt bei den Brüdern Delgadillo, zwei 66-Charakteren, die dort einen Barbershop und eine Imbißbude unterhalten. Hinter dem Ort führt die 66 im weiten Bogen und einsam nach Peach Springs und zurück zur I-40 nach Kingman. Jetzt nicht auf die Interstate zurück! Von Kingman führt eine schmale, kurvenreiche Straße über den steilen *Sitgreaves Pass* hinüber nach Oatman und Needles. Der Paß war so steil, daß die *Tin Lizzies* ihn nur im Rückwärtsgang oder im Schlepp dazuverdienender Lkw-Fahrer bewältigen konnten. Von der Hektik damals, als sich bis zu 10 000 Fahrzeuge am Tag über den Paß quälten, ist in dem kleinen Touristenkaff nichts mehr zu spüren.

Auch in Topock, wo man den Grenzfluß nach Kalifornien überquerte, ist nichts mehr von der Aggression jener Tage zu spüren. „Welcome in California!" begrüßt heute ein Schild die Reisenden. Die alte Stahlbrücke über den Colorado, an der damals alle Okies, die nicht über die nötigen 60 Dollars verfügten, zurückgeprügelt wurden, dient heute ausschließlich als Stütze für Versorgungsleitungen.

In Kalifornien lohnen vor allem die alten Streckenabschnitte (die 66 heißt hier *National Trails Highway*) zwischen Essex und Ludlow durch die Mojave-Wüste und der Abschnitt zwischen Barstow und Victorville. Nicht ohne Grund hat Wim Wenders seinen Film *Out of Rosenheim* (*Bagdad Café*) in dieser Einöde gedreht. Dort allerdings, wo Sie im Straßenatlas von Southern California den Namen *Bagdad* lesen, dürfen Sie nicht suchen. Der Film wurde im nahen Newberry Springs gedreht.

Old 66 bei Tulsa, Oklahoma

Hinter Victorville gibt es keine 66-Alternative zum Interstate. Los Angeles durchfährt man standesgemäß auf dem *Santa Monica Boulevard* oder dem *Sunset Strip* durch Hollywood, vorbei am 'Marlboro-Mann', der sich mit geschultertem Sattel über den Verkehr erhebt. Dann sind auch schon die *Ocean Avenue* und der *Santa Monica Beach* am Pazifik erreicht.

Kontaktadressen und Literaturhinweise erhalten Sie auf den Info-Seiten 196–199.

Am Times Square in New York startete 1916 der Lincoln-Highway nach Kalifornien

Engel am Times Square, Models für Werbespot

Schon seit 1925 verbindet der Lincoln Tunnel Manhattan mit Newark.

Der Colt sorgt auch am Times Square für Sicherheit und Ordnung.

Lincoln-Highway-Brücke über den Susquehanna, Wrightsville, Pennsylvania

County Fair am Lincoln Hwy, McConnellsburg

American Football – der Nationalsport in den USA, hier am Highway 50, Kansas

Baseball, Kansas Royals, Independence

Hausschlachtung bei den Albitrez. Die mexikanische Familie lebt in einer Mobile-Home-Siedlung am Highway 50, Lexington, Kansas

Sonic-Drive-In-Restaurant in Dodge City, Highway 50, Kansas

Jason Trent, „Feed lot Cowboy" in einem der riesigen Mastbetriebe von Dodge City.

Amish-Farmer mit 7 PS am Lincoln-Highway bei Lancaster, Pennsyl.

US-30 oder Lincoln Highway bei Breezewood, Pennsylvania

Everybody's Darling

Selbst Trabbi-Clubs und die Leningrad Cowboys sind auf ihr gereist: Die ***Route 66*** ist mit großem Vorsprung Amerikas berühmtester Highway. Warum? Weil in diesem Land der Mythen natürlich auch jemand einen Straßenmythos schaffen mußte.

Moderne Main Street in Barstow, Route 66

Auf die ***Route 66*** fahren besonders wir Deutschen ab. Kaum eine Zeitschrift, die in den letzten Jahren nicht eine Reportage veröffentlicht hat, darüberhinaus gibt es gut ein Dutzend deutschsprachiger Bücher und CD-ROMs über diesen Streifen Beton und Asphalt, der eigentlich gar nicht mehr existiert, denn 1984 wurde das letzte Route 66-Schild abmontiert. Bürokraten mit der romantischen Veranlagung von Löschpapier hatten die Sixty Six sterben lassen. Sie haben sie durch Interstate-Freeways ersetzt – nach den Plänen des neuen ***Federal Highway Act***. Präsident Dwight D. Eisenhower, General im Zweiten Weltkrieg, war von den deutschen Autobahnen so begeistert, daß er solche Dinger auch in Amerika haben wollte. Ein System von 68 000 Kilometern vierspuriger, kreuzungsfreier Autobahn wurde 1956 in Angriff genommen. Das größte Bauvorhaben in der Geschichte der Menschheit. Es wurde 40 Jahre dran gearbeitet. Das Nummernsystem lehnte sich an das der alten Highways an, ging aber genau umgekehrt: Die Ost-West-Interstates bekamen wie gehabt gerade Zahlen, jedoch im Süden beginnend mit der Interstate-10, und die ungeraden Nord-Süd-Verbindungen begannen mit der Interstate-5 in Kalifornien.

Der neue Name ***Freeway*** sollte darauf hinweisen, daß sie im Gegensatz zu ***Turnpikes*** (dt. Zollschranken) gebührenfrei sind, heute wird darunter aber eher verstanden, daß sie keine Stoppschilder, Ampeln und Kreuzungen haben. Die ebenfalls oft vierspurigen, aber nicht kreuzungsfreien ***Parkways*** dagegen wurden schon in den dreißiger Jahren angelegt. Sie waren Personenwagen vorbehalten, gingen durch Wälder und Grünzonen und sollten dem Fahrer Erholung in der Natur bieten.

Der für die Freeway-Planung zuständige Ausschuß stand unter dem Vorsitz von Lucius D. Clay, dem Mann, der die Berliner Luftbrücke organisierte und später Vorstandsmitglied von General Motors wurde. Chef des „Bureau of Public Roads“ war Francis du Pont, einer der Hauptaktionäre von GM, und Eisenhowers Verteidigungsminister Charles Wilson, der auch für General Motors arbeitete, prägte den Satz: „Ich bin schon immer der Ansicht gewesen, daß das, was für Amerika gut ist, auch für General Motors gut ist und umgekehrt“.

Mit den Freeways ging es der guten alten ***Route 66*** an die Fahrbahn. Vielerorts wurden die neuen Vierspurer einfach dick und breit auf sie draufgelegt, oft auch wenige Meter parallel daneben. An vielen Stellen blieb die ***66*** erhalten, erhielt nur eine neue Nummer.

Diese Entwicklung kann man auch positiv sehen. Heute hat der Automobilist die Wahl zwischen dem schnellen, aber monotonen Freeway, ungeachtet der Topografie in die Erdkruste gepflügt, sehr breit, mit überall gleichem, aseptischem Design, ohne Bezug zur Umgebung, bei dem nicht der Weg das Ziel, sondern der Weg dazu da ist, um ihn schnell hinter sich zu bringen oder dem alten, kleinen, zweispurigen Highway, dem sogenannten „Blue Highway“, auf dem nicht viel los ist und auf dem man reist, um zu reisen. Hier sieht man das Land, hier trifft man die Anwohner.

Die ***Freeways*** nehmen 22 Prozent des Verkehrs auf, obwohl sie nur zwei Prozent der Straßenkilometer ausmachen. Daher sind die ***Blue Highways*** ziemlich leer geworden. Die Anlieger der Route 66 landeten im Abseits.

Vergessenes Amerika

Plopp, plopp, plopp, plopp hämmern die Reifen über die Nähte zwischen den Route-66-Betonplatten, die hier im Westen von New Mexico schon kleine Biotope geworden sind. Gras, Disteln, Kräuter sprießen in den Fugen, Vorboten für die Rückeroberung durch die Natur. Links ein verrostetes Windrad vom Typ „Aermotor", „1947" steht drauf, dahinter eine verlassene Farm, bei der das Unkraut bis zur Dachrinne reicht. Rechts ein verwittertes Schild ***Eat***, kaum noch zu lesen, und wo das Eat stattfand, ist auch nicht mehr zu entdecken. In einer Art Ort, einer Streusiedlung, die anderswo als Schrottplatz gelten würde, weil überall Gerümpel herumliegt, und in der die Holzhäuser so aussehen, als sollte man darin besser einen Schutzhelm tragen, machen wir halt. Ein häßliches, scheunenartiges Gebäude, dunkelrot angestrichen, hat das verlockende Schild „Bar" am Eingang hängen.

Beim Näherkommen entdecken wir den Hinweis: „Keine Minderjährigen, keine Waffen", ein anderes Schild mahnt: „No Shirt, No Shoes, No Service" (ohne Hemd und Schuhe keine Bedienung). Wir treten durch eine Fliegengittertür ein, die beim Öffnen laut quietscht und beim Schließen scheppert wie ein Verkehrsunfall. Zu sehen ist erstmal nichts, denn es ist ziemlich finster. Der Geruch von kaltem Rauch und biergetränktem Holz hängt in der Luft. Eigentlich wollten wir nur mal sehen, wie so eine Bar in „the middle of nowhere" aussieht, aber jetzt sind wir verlegen und haben das Gefühl, etwas bestellen zu müssen. Die Frau hinter dem Tresen, ungefähr 50 Jahre alt, dunkles, dauergewelltes Haar, vom Alkohol, schlechter Nahrung und schlechter Gesellschaft gezeichnetes Gesicht, erwidert unser „Hi" nicht, wischt aber demonstrativ ihre Arbeitsplatte. Hier gibt's nur Alkohol, und es ist zwei Uhr nachmittags. Wir sind die einzigen Gäste und beschließen, eine Runde Pool-Billard zu spielen, mehr um den Umsatz anzukurbeln (es kostet 75 Cents, na immerhin) als aus Lust. Ich frage höflich, ob das „okay" ist und ernte ein ganz freundliches „natürlich". Die Reise auf der Route 66 ist über weite Strecken eine Reise in die Trostlosigkeit der Verlierer. Und das macht auch irgendwie den Reiz des Highways aus. Abgewrackte Motels, aufgegebene Tankstellen, im Wind schaukelnde Neon-Reklameschilder, rostende Autoleichen, ausgebrannte Billighäuser und viel Müll. Das ist das Stichwort, um Steve Storz vorzustellen.

Bewuchs auf einem verlassenen 66-Abschnitt

Steve ist ein junger Künstler, den ich in Santa Fe treffe, das auch einmal an der 66 lag. Er stellt merkwürdige, schwarzlackierte Objekte aus Elektronik-Schrott her, die man – mit Stromanschluß – an die Wand hängt, wo sie rattern und blinken und wedeln. Jetzt hab' ich ein Exemplar im Wohnzimmer hängen, und ich muß jedesmal schmunzeln, wenn ich es sehe. Steve ist Spezialist für Abfallkunst und fühlt sich in seinem Land wie ein Kind im Schokoladen-Laden. „Es ist wie mit dem Unkraut", sagt er. „Ein Unkraut ist eine ganz normale Pflanze, die aber nicht jeder haben will. Für andere ist sie wertvoll. In Amerika wird aus Kraut schnell Unkraut. Die Leute lassen dann alles stehen und liegen, leihen sich einen 'U-Haul' oder 'Ryder'-Anhänger und ziehen dahin, wo immer sie neue Chancen wittern. Sie haben nicht diese Bindung an den Boden".

Der Begriff Heimat hat nicht diese herzzerreißende Bedeutung wie in Europa. Weil der Staat nicht unsere sozialen Netze bietet, mußten Amerikaner lernen, auf Veränderungen der Umwelt mit Bewegung zu reagieren. Nur zwei Prozent bleiben ihr Leben lang an einem Ort (in Deutschland über 30 Prozent). Bei soviel

Drang nach geografischer Veränderung mußten natürlich auch mobile Immobilien erfunden werden. Mobile-Homes sind Häuser, die nach der Straßenverkehrsordnung bemessen sind. Sie passen auf einen Lastwagen, lassen sich leicht aufladen, mit allem Kram drin, und am Bestimmungsort wieder aufbauen. Das spart sogar Umzugskartons. Heute wohnen oftmals Latinos in diesen Mobile-Home-Siedlungen, wo sie versuchen, die Bräuche ihrer Heimat zu bewahren. Grillabende, Mariachi-Musik, Hahnenkämpfe.

Zugvögel

Noch mehr Drang nach geografischer Veränderung lerne ich in Quartzsite/Arizona kennen, wo ich im einzigen McDonald's im Stau stehe. Ich bin der Jüngste, was mir schon lange nicht mehr passiert ist. Der Schnitt liegt hier ungefähr bei 72. Sie tragen Halbglatze oder silberne Dauerwelle, Jersey-Hosen und Turnschuhe, Zahnersatz, dicke Brillengläser und Herzschrittmacher. Artig warten sie in der Schlange am Bic-Mac-Tresen und geben einander aufgeregt Tips, wie sie die diversen Sonderangebote am raffiniertesten ausnutzen können. Wohlgemeinte Nachbarschaftshilfe. Sie alle sind schließlich irgendwie Nachbarn des anderen. Wenn nicht heute, dann vielleicht morgen.

„Snowbirds" überwintern in der Wärme

So ist das in Quartzsite im Winter. Dieses Nest in der Wüste von Arizona ist von Januar bis März die Mobil-Metropole der Welt. Hier versammeln sich 1,5 Millionen Rentner mit ihren Wohnmobilen, einer weiteren Variante vom Immer-beweglich-sein.

Von oben betrachtet ist es ein ungeheures Gewusel, ein Umeinanderherfahren von – sagen wir – einer halben Million Wohnungen auf Rädern. Wenn einer den anderen besuchen fährt, bringt er Küche und Schlafzimmer gleich mit. Wie praktisch. „Hast du zufällig ein paar Putenbrüste in deiner Tiefkühltruhe?"

Die Wohnmobile haben alle Schikanen. Manche sind zwölf Meter lang, ihr Wohnzimmer ist seitlich zu verbreitern (ausfahrbar), es gibt Küche, Klo und Bad, einige gar mit Wanne, es gibt ein riesiges Doppelbett im Schlafzimmer, TV und Video, Mikrowelle, Gefrierschrank, und bei manchen parkt unten im Keller der Zweitwagen, das Beiboot. Aber das ist selten. Die meisten nehmen ihren Pkw einfach in Schlepp.

Es gibt natürlich auch Wohnwagen, vor die der Pkw gespannt wird. Die berühmtesten heißen ***Airstream***. Das sind silberglänzende, stromlinienförmige, solide, teure, luxuriöse Anhänger aus Flugzeugaluminium. Leider sind sie wegen der billigen Plastikkonkurrenz selten geworden. Fast alle haben eine große Nummer vorne und hinten, das ist die Mitgliedsnummer im ***Wally-Byam-Club***, benannt nach dem Airstream-Gründer. Jedes Mitglied in diesem Verein besitzt eine Liste der Nummern. Wenn ihm ein Airstream begegnet, schlägt er nach und weiß, aha, das sind Jack und Fiona Luckenbacher aus Wausau/Wisconsin. Für Airstream-Freaks sind andere Wohnfahrzeuge nur ***Tupperware***.

Und warum kommen die Rentner nun bitteschön alle nach Quartzsite? 1,5 Millionen! Was tun die alle hier? Sie antworten mit einer Gegenfrage: „Wer ist im Winter schon gern dort, wo es immer regnet, stürmt, friert und schneit?" Das sei doch ungesund und mache schlechte Laune. Unten im Süden sind die Winter mild, die Luft ist sauber und trocken. So wie die Störche im Winter nach Kenia fliegen, einer inneren Kraft, ihrem inneren Kompaß folgend, ziehen auch die Alten automatisch aus dem Norden nach Quartzsite. Sie nennen sich selbst daher ***Snowbirds***, ein Synonym für Zugvögel.

Quartzsite hat nun im Winter ein großes Problem. ***Downtown*** ist permanenter Camperstau. Der Bürgermeister überlegt schon, ob er für die große Stoppstraßenkreuzung eine Ampel kaufen soll.

Die ist normalerweise in diesem Kaff überflüssig. Quartzsite im Sommer, das ist, als wäre Planet Erde zu nah an seine Sonne geraten, also ungefähr so gemütlich wie im Backofen. Gerade mal 1500 Leute übersommern hier irgendwie und hecheln von einem klimatisierten Raum zum nächsten. So richtig hübsch ist es auch nicht. Abgesehen davon, daß auch dieser Ort an einen ausgedehnten Schrottplatz erinnert und die Architektur alles andere als anmutig wirkt, ist hier halt Sonora-Wüste.

Die Rentner kommen trotz dieser Widrigkeiten mit wachsender Begeisterung, denn für sie zählt die Gemeinschaft. George Arnold (78) und seine Frau Mildred (72) sind Mitglied der ***Roadrunner Camping Group***. Jeden Winter treffen sie sich in Quartzsite, bauen sich, wie einst die Pioniere, eine Wagenburg, mit der Feuerstelle in der Mitte. Statt Planwagen haben sie Luxus-Wohnmobile, die auf den Namen ***Flair*** oder ***Dolphin*** hören. Der von den Arnolds hat 85 000 Dollar gekostet („hab' ich runtergehandelt"). Das Schiff ist brandneu, erste Ausfahrt. „Es ist das letzte Wohnmobil meines Lebens", sagt George, und er scheint gar nicht traurig darüber zu sein. „Es ist ein Traum. Es ist einfach das schönste Wohnmobil der Welt. Warum? Weil es meins ist!"

Manche der fidelen Camper haben Haus und Hof gar verkauft. Man nennt sie ***Fulltimer***. Auf ihrer Wagentür steht „Anywhere in USA", auf der Visitenkarte „Retired" und die Adresse der Kinder. Sie leben bis zur endgültigen Ruhestätte voll mobil. Sie haben keine Lust, zu Hause zu versauern, mit Spaziergängen um den Block und Patiencenlegen, wie viele Rentner bei uns. Zum Beispiel Barbara und Ray Kasha aus Calgary in Kanada. Er war Telefon-Installateur bei der kanadischen Telecom, ist jetzt 61 und seit acht Jahren pensioniert. Von Mitte Oktober bis Anfang April sind sie immer in Quartzsite, auf dem Campingplatz ***La Posa West***. Sein Wahlspruch: „My home is where I park my car". So ungefähr hat es auch Bill Withers gesungen: „My father was a rolling stone. Wherever he laid his head was his home."

„Blue Highways" folgen noch den Konturen der Natur

Der Coup

Zurück zur ***66***, denn es gibt noch ihre Geschichte zu erzählen. Nicht weil sie so was Besonderes war, nicht wegen ihrer Schönheit wurde die Route ein Mythos, sondern weil er von cleveren PR-Leuten gemacht wurde. Jede andere Straße hätte genauso „legendär" werden können. Keine hatte aber derart erstklassige Öffentlichkeitsarbeiter.

Kopf und Vater der ***66*** war Cyrus S. Avery, ein Immobilienmakler und Kohlenhändler, der außerdem an Ölquellen beteiligt war. Als der Kongreß den ***Federal Road Act*** auf den Weg brachte, trat Avery auf den Plan. Als Präsident der ***Associated Highway Associations*** und diverser anderer Organisationen schickte er 1924 eine Anfrage an den Landwirtschaftsminister, der damals für die Straßen zuständig war, denn der Bauer sollte ja aus dem Schlamm geholt werden. Viel war seit dem Road Act 1916 nicht passiert. Er forderte den Minister auf, er möge endlich den Plan eines nationalen Highway-Systems mit durchgängigen Straßen absegnen. Das tat der gute Mann und verpflichtete Avery als Berater.

Avery entwarf daraufhin das System, er zeichnete eine völlig neue Landkarte der USA. Er plante das Nummernschema und legte fest, welche regionalen Wege miteinander verbunden werden sollten. Den Highway von Chicago nach Los Angeles legte er statt auf der nördlichen Linie, wie man sie heute benutzt, auf eine diagonale Route Richtung Süden, über Tulsa/Oklahoma. Wie das Schicksal so spielt, war das seine Heimatstadt, in der die Familie Tankstelle und Restaurant besaß. Avery nannte „seine" Fernstraße ***66***. Am 11. November 1926 wurde der Plan abgesegnet.

Da Avery eine so starke Position hatte, wurde der Ausbau der ***Route 66*** viel schneller vorangetrieben, als der anderer Highways. Dazu kam, daß er die ***U. S. 66 Highway Association*** gründete, eine Interessengemeinschaft der anliegenden Städte und Unternehmen. Im Untertitel führte sie den Titel: ***The Main Street of America***. Dazu starteten sie eine Promotion-Welle mit Postkarten, Prospekten und Landkarten, damit möglichst viele Autofahrer die ***66*** benutzten. Später wurden gar Anzeigen in Zeitschriften geschaltet. So als gäbe es bei uns eine Werbekampagne etwa für die Bundesstraße 251, mit Aufklebern „Hurra, ich bezwang die B 251!"

Zusätzlichen Ruhm bekam die ***66*** durch eine verheerende Dürre in den dreißiger Jahren in Texas und Oklahoma. Die deswegen ***Dust Bowl*** (Staubschüssel) genannte Gegend trocknete völlig aus. Im Sturm hob sich die Krume ein paar Meter in die Luft und wanderte nach Norden. Zurück blieben Halbwüste und rat- und mittellose Bauern. Die verarmten Landwirte bestiegen ihre abgetakelten Pick-ups und zogen in ihrer Not mit Familie, Sack und Pack nach Kalifornien, wo sie schließlich niederste Sklavenarbeiten verrichten mußten. „Neger und Okies nur auf den Rangplätzen" war die Vorschrift in manchen Kinos. Ihr Fluchtweg ins „gelobte Land" im Westen, dort wo die Orangenbäume blühen und das Meer blau ist, führte über die ***Route 66***. John Steinbeck schilderte in seinem Roman ***Früchte des Zorns*** das Schicksal der Familie Joad und sicherte der Massenauswanderung von über 250 000 Verzweifelten mit ihren 50 000 klapprigen, überladenen Autos einen Platz in der Literatur.

„Adopt a Highway"-Team an der Route 66, Oklahoma

Damals wurde sie übrigens noch ***„Raut 66"*** ausgesprochen, denn so spricht man im Englischen das Wort Route aus. Das ***„Ruut"*** wurde erst durch Nat King Cole eingeführt, der den Ohrwurm von Bobby Troup auf Schallplatte herausbrachte:

If you ever plan to motor west – Travel my way, take the highway that's the best – Get your kicks on Route Sixty Six! – It winds from Chicago to L.A. – more than two thousand miles all the way. – Get your kicks on Route Sixty Six! – Now you go thru Saint Looey and Joplin/Missouri – And Oklahoma City is mighty pretty. – You'll see Amarillo, Gallup/New Mexico, – Flagstaff/Arizona. Don't forget Winona, – Kingman, Barstow, San Bernardino. – Won't you get hip to this timely tip, – When you make that California trip – Get your kicks on Route Sixty Six!

In Gallup/New Mexico ist das bunteste Haus unseres. Wir übernachten heute mal nicht im Camper, wir nehmen das ***El Rancho Hotel***. Da in der Region Dutzende von Wildwestfilmen gedreht wurden, brauchten die Filmcrews ein Hauptquartier und eine für die sensiblen Schauspielergemüter annehmbare Bleibe. Im ***El Rancho*** wohnten Katherine Hepburn, Humphrey Bogart, Jane Fonda, Spencer Tracy, Kirk Douglas, Ronald Reagan und viele andere. Reagan spielte zum Beispiel in ***The Bad Man***. Heute sind die Zimmer nach den Stars benannt. Angeblich sollen sie tatsächlich darin genächtigt haben. Wir nehmen Burt Lancaster's Zimmer, Nummer 224, ganz am Ende des Gangs, ziemlich klein, nicht gerade ruhig und vor allem ohne Mini-Bar. Der arme Burt. Er spielte hier 1964 die Hauptrolle in ***The Hallelujah Trail*** (auf deutsch „40 Wagen westwärts"), einer ziemlich albernen Geschichte um einen Schnapstransport nach Denver.

Weil es den Einwohnern offenbar das Leben bereichert, möchte jede amerikanische Stadt die Hauptstadt von irgendwas sein. Gilroy in Kalifornien ist zum Beispiel die Knoblauch-Hauptstadt der Welt. Gallup nennt sich Indianer-Hauptstadt, weil ringsum große Navajo-Reservate liegen.

In Gallup kreuzt die ***Route 66*** die ***Route 666***, die – obgleich in Nord-Süd-Richtung verlaufend – eine gerade Zahl hat, wofür ich auch keine Erklärung weiß. Die Navajos halten diese Nummer für eine Provokation der Regierung. In der Weltsicht der Indianer sind drei Sechsen nämlich ein Symbol für Unglück. Die Straße mit der gefürchteten Zahl führt zudem ausgerechnet am Indianerheiligtum ***Shiprock*** vorbei, einem eindrucksvollen Felsen 100 Meilen nördlich von Gallup. Als sich herausstellte, daß die 666 die unfallreichste Straße der USA ist, machten sie Eingaben, die Nummer zu ändern. Ohne Erfolg. Die Weißen argumentierten, daß es am schlechten Zustand der Straße (inzwischen wurde sie ausgebaut), vor allem aber am Schnaps liege. Da im Reservat der Verkauf von Alkohol verboten ist, kommen die Indianer am Wochenende in Massen nach Gallup, um einen zu heben. Mutter Teresa hat daher Gallup wie Kalkutta auf ihre Liste „der von Gott verlassenen Städte" gesetzt, und die Fernfahrer gaben Gallup den Spitznamen „Säuferstadt", als Hinweis, daß man am besten einen großen Bogen um sie macht.

Heute sind in den alten Geschäften und Friseursalons der Hauptstraße Trödler, Pawn-Shops (Pfandleiher), Bars und Touristenläden eingezogen. Sie verkaufen Indianerschmuck und natürlich auch 66-Paraphernalia.

Raus in die Natur!

Last Stop? – Schrottplatz in New Mexico

Als ich das erste Mal in den USA war, besuchte ich Freunde in New York. Damals lernte ich Jeff kennen, einen Fotografen, der mich ein paar Tage später in seinem alten VW-Campingbus in die ***Bear Mountains*** mitnahm, einen State Park, gleich nördlich von New York. Ich fühlte mich wunderbar. Dieses Land roch ganz anders als Europa, die Bäume sahen anders aus, das Gras schien grüner, die Luft klarer, die Menschen freundlicher. Ich sah meine erste Schlange, Rehe und jede Menge Eichhörnchen, und ich entdeckte den ungeheuren Reichtum an Raum. Obwohl wir keine Stunde von Manhattan entfernt waren, befanden wir uns schon in unschuldiger, unvermurkster Natur. Und noch etwas sah ich: Ein Schild mit den Worten ***Appalachian Trail***. Auf dem wanderten wir ein Stück. Jeff erzählte mir damals, was das ist, dieser Appalachian-Trail, und es sprengte meine Vorstellungskraft: Ein 3450 Kilometer langer Wanderweg, immer auf den Gipfeln der ***Appalachian Mountains*** entlang. Das ist die Strecke Berlin-Marrakesch zu Fuß, fast immer im Wald.

Der Trail ließ mich nicht los. Im nächsten Jahr fuhr ich mit dem Auto an ihm entlang, bis dorthin, wo Maine schon fast kanadisch wird. Ich sah Schwarzbären und an dem See mit dem komischen Namen ***Moosehead*** die Menschen in der Regel im Wasser stehen, in der Hand eine Angel. Die Wirtschaft der Region schien vornehmlich aus dem Verkauf von Blinkern, Rollen, Ruten und Fliegen zu bestehen. Weil man ja alles mal ausprobieren muß, kaufte ich mir mutig eine Schnur und ein paar Würmer, in der Hoffnung, keinen Fisch zu fangen.

Von einer einsamen Holzbrücke über einen kleinen Fluß ließ ich die Schnur hinab. Und wie das so ist in Amerika, irgendwann kommt immer ein Auto. Der Fahrer ließ das Fenster runter und fragte: „Have you seen that moose over there?" (Hast du das ***Moose*** da drüben gesehen?) Ich hatte keinen Schimmer, was ein

Moose ist, folgte nur seinem Finger, und da stand ein ausgewachsener Elch im Wasser, keine 50 Meter weg. Jetzt kapierte ich auch, warum der See so hieß. Er hat die Form eines Elchgeweihs.

Auf dem Weg nach Millinocket bog ich dann links ab in den ***Baxter State Park*** und wanderte diesen kleinen Schniepel auf der Landkarte bis zum ***Mount Katahdin***. Der 1605 Meter hohe Monolith mit einem Schild obendrauf ist der Endpunkt des Appalachian-Trails, für hartgesottene ***Thru-Hiker*** das Ziel ihrer Sehnsucht – nach fünf Monaten Blasen an den Fersen, Tropfen an der Nase, Atemlosigkeit, Müdigkeit, wunden Schultern vom Rucksack. Und dann komme ich, so ein Greenhorn und tänzele ein paar Kilometer in Turnschuhen und Polo-Hemd bis zu diesem heiligen Ort, nur mit Wasserflasche, Stullen und dem Mückenspray ***Off – Deep Woods*** beschwert. Das Spray war übrigens das Einzige, was ich nicht hergegeben hätte.

Der Maine-Abschnitt gilt als der schönste Teil des Appalachian-Trails, denn hier ist die Wilderness besonders wild. Oftmals ist es eine mühselige Kletterei auf allen Vieren über Felsbrocken und durch klammartige Schluchten, in denen tropfende Moose (nein, keine Elche) von den Wänden hängen, und in denen es so vor Feuchtigkeit dampft, als würde Muttern Eintopf kochen.

Im nächsten Jahr hat es mich runter in den ***Great Smoky Mountains National Park*** gezogen, nach Tennessee und North Carolina, zum anderen Ende des Appalachian-Trails. Hier liegt auch sein höchster Gipfel, der Clingmans Dome. Schon auf dem Weg von Washington dorthin mußte ich mehrmals die dunkelgrünblaue Bergkette kreuzen, tatsächlich bläulich, was ihr den Namen ***Blue Ridge*** eintrug. Der ***Blue Ridge Parkway*** läuft hier 160 Kilometer lang parallel zum Appalachian-Trail.

„Thru-Hiker" in einer Schutzhütte, Appalachian Trail

1775 war dieser Gebirgszug noch die ***Frontier***. Damals war Mountain-Man Daniel Boone mit 30 gut bewaffneten, nur wenig abergläubischen Männern (Aberglaube gehörte damals noch zur serienmäßigen Ausstattung eines Pioniers) in die gruseligen Bergwälder vorgedrungen. Sie zogen durch die ***Cumberland Gap***, schlugen mit ihren Äxten einen Pfad rüber nach Kentucky, den später die ersten Siedler mit bepackten Maultieren benutzten, um jenseits der Bergkette ein neues Leben anzufangen.

Zur Zeit der ***Prohibition*** (ab 1920) entstanden in den Wäldern illegale Schnapsbrennereien, die Basis für die heutigen Bourbonfabriken der Gegend. Der Stoff wurde bei Nacht und Nebel mit ausgeschalteten Lichtern über die Straßen im Hinterland transportiert, meist mit umgebauten und frisierten Limousinen, um der Polizei entwischen zu können. Dazu wurden – etwa wie einst beim Pony Express – junge, talentierte, furchtlose Fahrer gebraucht, die sich legendäre Wettrennen mit den Sheriffs lieferten. Nach dem Ende des Alkoholverbots (1933), wurden in den Südoststaaten die ersten Stock-Car-Rennen gefahren, mit den ehemaligen Schnaps-Chauffeuren am Lenkrad, sofern sie nicht im Kittchen saßen.

Zwar saß Amerika in den Zwanzigern alkoholisch auf dem Trockenen, dafür begann die Droge Auto zu wirken. Doch gleichzeitig mit der Liebesaffäre zu Ford oder Chevrolet begann auch eine Gegenbewegung: Raus in die Natur per Fahrrad oder Pedes. Natürlich nur als temporäre Flucht. Das unterschied den Naturfreund vom Siedler 80 Jahre zuvor, der die Zivilisation hinter sich ließ, um da draußen eine Existenz zu suchen, und der nicht vorhatte, jemals zurückzukehren. Für ihn war die Wildnis ein Gegner, den es zu überwinden galt. Jetzt sah man die Wildnis dagegen als Freund an, den man besuchte, weil er so guttut.

Der ***Pacific Crest Trail*** ist das westliche Pendant zum Appalachian-Trail, und wie das so ist im Westen: landschaftlich viel großartiger. Er führt von der mexikanischen bis zur kanadischen Grenze und ist sogar 4183 Kilometer lang. Mit Eurasien verrechnet heißt das: Berlin-Bagdad, immer auf dem Kamm lang. Auch hier gibt es ein paar, die jedes Jahr die ganze Strecke ablaufen. Dauert ein gutes halbes Jahr und erfordert gute Kondition und Wanderstiefel.

Manche Leute sind halt wirklich gut zu Fuß. Zum Beispiel John Muir. Er wurde 1838 geboren, wuchs in Wisconsin auf und wanderte zum Aufwärmen von dort 1600 Kilometer zum Golf von Mexiko. Dabei verfaßte er ein Tagebuch, das er ***„John Muir, Planet Erde, Universum“*** betitelte, quasi seine Adresse. Eigentlich wollte er von Mexiko weiter zum Amazonas laufen, aber das überlegte er sich wegen der Malaria dort unten und bog nach Kalifornien ab, wo er 1868 ankam. Dort blieb er als Bergführer, Naturkundler und Forscher.

Besonders die ***Sierra Nevada*** hatte es ihm angetan. Muir begann in einer Zeit für die Erhaltung dieser großartigen Landschaft zu kämpfen, als Naturschutz noch kein Thema war. Daß die von der letzten Eiszeit modellierte Gebirgsregion um den ***Merced River*** 1890 zum ***Yosemite Nationalpark*** erklärt wurde, ist in erster Linie seiner Initiative zu verdanken. Zwei Jahre später gründete er mit Gesinnungsgenossen den ***Sierra Club***, eine Naturschutzorganisation, die sich heute auch im Ausland um Umweltschutz kümmert. 1903 konnte Muir den damaligen Präsidenten Theodore Roosevelt zu einem gemeinsamen Besuch im Yosemite Park überreden. Der Präsident blieb drei Tage und beschrieb seine Zeit mit Muir „als die großartigsten Tage meines Lebens“. Unter seiner Regierung wurden die bedeutendsten Naturschutzanstrengungen in der Geschichte der USA unternommen.

Abendstimmung, Yosemite National Park

Nach Muirs Tod am Heiligabend 1914 begann der Sierra Club zu seinem Gedenken einen Trail vom 4418 Meter hohen ***Mount Whitney*** im ***Sequoia Nationalpark*** bis ins ***Yosemite***-Tal zu bauen, 341 Kilometer lang. 1938 wurde der zentrale Teil des Pacific Crest Trails fertiggestellt.

Bei einer viertägigen Wanderung über den ***John Muir-Trail*** im ***Yosemite Nationalpark*** traf ich Steve und Lucille aus Modesto in Kalifornien. Sie erzählten aufgeregt, daß letzte Nacht der Bär los war. Sie hätten zwar ihre Lebensmittel, wie es sich gehört, über einen Baumast gehängt, mit Seil, ziemlich anstrengend und kompliziert, doch die Bären hatte das nicht abgeschreckt. Bibbernd lagen sie in ihrem Zelt und warteten, bis die Bären wieder abzogen. „Erst haben sie den Baum geschüttelt, sind dann an ihm hochgeklettert, ohne jedoch an die Rucksäcke heranzukommen. Ich glaube, der eine hat sich auf die Schultern des anderen gestellt, anders kann ich mir das nicht erklären“. Jedenfalls sah hinterher alles nicht mehr sehr ordentlich aus. Die Bären hatten sogar die Nescafé-Portionspakkungen aufgerissen und das Kaffeepulver aufgeschleckt.

Die Tour war mein Abschied von den American-Trails, und es war eine der schönsten Wanderungen meines Lebens. Nicht unbedingt wegen der 22 Kilo auf dem Buckel, sondern wegen der elementaren Erfahrung, allein in der Wildnis klarzukommen. Anstrengungen bis zur Schmerzgrenze, aber hinterher, welch' ein herrliches Gefühl! Es muß wohl mit der Selbstbestätigung zu tun haben, es geschafft zu haben, außerdem, so wird ein Mediziner erklären, mit dem Ausstoß von Hormonen unter der Strapaze, dann aber auch wegen der majestätischen, friedlichen Landschaft und der Einsamkeit, die man in dem rummeligen Yosemite schon einen Kilometer vom Parkplatz entfernt vorfindet. Die meisten Amerikaner sind fleißig am Gaspedal, aber faul beim Gehen.

Frontier Cyberspace

Drei Tage später bin ich auf einem der weniger romantischen Kondensstreifen-Trails wieder nach Hause gereist. Lufthansa ab San Francisco über die Grönland-Route mit einem Glas Champagner auf dem Klapptisch. Immerhin. Das Flugzeug hat inzwischen alle anderen Verkehrsmittel weit abgehängt, in Amerika bereits ab mittlere Entfernungen. Man nennt das wieder Fortschritt, dabei ist es nur eine weitere Steigerung der Geschwindigkeit. Und der Umweltverschmutzung.

Aber es wird schon an neuen Trails gearbeitet. Bill Clintons Vize Al Gore hat den dritten 'Federal Highway Act' gestartet. Diesmal geht es um den Ausbau des ***Information Super Highway***. Auf ihm reist man virtuell. Die neue Frontier heißt ***Cyberspace***, und es gibt längst schon die ***Electronic Frontier Foundation***, eine Bürgerrechtsorganisation, die für die Freiheit der Kommunikation im Cyberspace kämpft. Um die Frontier zu überschreiten, braucht man gar nicht mehr aus dem Sessel aufzustehen. Die Abenteuer kommen ins Haus – via Telefonleitung und in Form von Worten und wunderschönen Bildern, allen möglichen und unmöglichen Adressen aus der weiten Welt. Während sich die Pioniere auf ihren langen Wegen durch dieses riesige Land physisch ganz klein vorkamen, fühlt man sich heute im unvorstellbar ausgedehnten globalen Cyberland eher psychisch klein.

Obwohl in Amerika ersonnen, ist das Internet völlig unamerikanisch. Es verstößt gegen die ehernste Regel des Kapitalismus: Kein Besitzer weit und breit. Daher hat es auch keine Ordnung. Internet ist blanke Anarchie. Kontrollenlos surft die digitale Welt in unsere Wohnzimmer, und wir sitzen davor und sind ganz hingerissen. Ich hab' beispielsweise zum Thema ***I Can't Believe It's Not Butter***® 17 Einträge gefunden. Und wenn Sie in Amerika wissen wollen, wie lässig oder ***tough*** die örtliche Polizei mit den Speed-Limits umgeht: http://www.speedtrap.com/speedtrap/

Da steht unter Buffalo Center/Iowa: „Polizei-Chef Pat Conroy ist ein richtiger Widerling. Er würde dich nageln, wenn du 34 in einer 30-Zone fährst".

Herbsttag in den Smoky Mountains

Hatte schon das Auto die zwischenmenschliche Kommunikation nachhaltig verändert, wird nun im Netz die physische Trennung perfektioniert. ***Chat*** nennt sich der User-Klönschnack, perfekt anonym und clean. Es werden nur Worte gewechselt, allenfalls angereichert mit Emoticons, also Symbolen, die Stimmungen rüberbringen sollen. Wenn zum Beispiel eine Bemerkung mit einem Augenzwinkern verstanden werden soll, schreibt man: ***;–)***

Kapiert? Man muß den Kopf nach links auf die Seite kippen, dann erkennt man ein Smiley-Gesicht mit zugekniffenem Auge.

Kann sein, daß in Zukunft weniger real gereist wird, denn schon jetzt ist der Daten-Highway der meistbefahrene der Welt, auch wenn auf ihm jede Menge leere Kilometer zurückgelegt werden. überall gibt's Abfahrten, und man weiß nicht, welche man nehmen soll. Das Netz ist miserabel beschildert und die Landkarten taugen auch noch nichts. Wie in den Pioniertagen des Automobils. Manche nehmen sich daher einen virtuellen Guide, so wie sich einst die Händler und Militärs in der verwirrenden Wildnis auf Mountain Men verließen, also Pfadfinder wie Jedediah Smith, Kit Carson oder Jim Bridger.

Das Internet wird die Amerikaner und dann den Rest der Welt aufs neue verändern. Wir werden es also bald mit einem neuen ***American Way of Life*** zu tun haben. ◄

County Fair Parade in Rumford am Highway 2, Maine

Die Models von morgen feiern „50 Jahre Bikini", Umzugswagen in Rumford

„Trick or Treat!" – Halloween vor der Rotunda, Charlottesville

In Thomas Jeffersons University of Virginia leben Professoren und Studenten Tür an Tür.

In Harpers Ferry am Shenandoah und Potomac hat der A.T.C. sein Headquarter

Letzte Vorbereitungen für eine Wanderung in die White Mountains, New Hampshire. Appalachian Mountain Club

A.T.-Thru-Hikers, Spike trägt sein Hundefutter

„Das letzte Mahl" vor Mount Katahdin, Shaw's Boarding Home, Monson

Die „Blue Ridge Mountains" halten, was sie versprechen, Blick vom Clingman's Dome

Blue Grass Session während der Friday Night Jamboree, Cockram's General Store
Floyd, Virginia

„Desert Paintbrush" im Canyonlands National Park, Utah

Echo Peak, Desolation Wilderness, Pacific Crest Trail, California

Wander-Trails

Pacific Crest Trail

Großer Bruder des Appalachian Trails – und landschaftlich der spektakulärere – ist der *Pacific Crest National Scenic Trail*. Er beginnt in *Campo* südöstlich von *San Diego* und endet 4.185 Meilen nördlich im kanadischen *Maning Provincial Park*. Dieser Wanderweg der Superlative über den Kamm der *Sierra Nevada* und der *Cascade Range* durchquert sieben Nationalparks und 24 National Forests; 20 Canyons, 60 Pässe und 1000 Seen liegen am Wege.

Abgesehen vom *John-Muir-Trail*-Abschnitt ist er weit weniger frequentiert als der Appalachian Trail. Er fordert mehr ab, ist ein Weg der Extreme. Der Marsch durch die Hitze der *Anza Borrega Desert* (dort kreuzt er den *Anza Trail*) und der *Mojave Desert* bis hinauf 4000 Meter hohe Pässe am *Mount Whitney* erfordert mehr Einsatz als in den Appalachen, zumal es über weite Strecken kaum Hütten gibt.

Im *Sequoia National Park* trifft der kontinentale Wanderweg auf den 212 Meilen langen *John-Muir-Trail*. Er ist benannt nach dem leidenschaftlichen Naturschützer und Forscher, der 1890 die Gründung des *Yosemite Parks* erreichte. John Muir war ein Asket, der auch in den Bergen Ausrüstung wie Schlafsack und Zelt ablehnte, sich bei seinen Wanderungen von Beeren und Keksen ernährte und aufrecht sitzend schlief, bis ihn die Kälte weckte und er das Lagerfeuer neu entfachen mußte. John Muir gründete 1892 den *Sierra Club*, eine bis heute führende Umweltschutzorganisation in den USA.

Zu Fuß und mit Maultieren bewältigen mehrere hundert Wanderer in den wenigen schneefreien Sommermonaten den Trail in seiner gesamten Länge von 212 Meilen. Neben Bergausrüstung für extreme Wetterverhältnisse muß man einen Monat Zeit mitbringen.

Der *John-Muir-Trail*, 1938 seiner Bestimmung übergeben, ist zweifellos der Höhepunkt des *Pacific-Crest-Trails*, und es wäre eigentlich Pflicht, ihn in einem Buch über Trails aufzunehmen. Wir tun dies jedoch nur am Rande, denn er ist ohnehin schon hoffnungslos überlaufen. Vor allem auf zentralen Teilstücken am befahrbaren *Tioga Pass*, der den Zugang erleichtert, sind *Permits* kaum noch spontan zu bekommen. Anträge müssen lange vorab per Brief (siehe Info-Seiten) eingereicht werden, das Los entscheidet dann über ein bindendes Datum der Wanderung.

Ein weiterer Höhepunkt des Trails ist das Teilstück durch die *Desolation Wilderness* im *Eldorado National Forest*. Hier überquerten einst der *Pony Express* und der California Trail die Sierras. Die US-50 bietet am Echo Summit einen guten Einstieg für Tageswanderer. Selbst im Juni ist mit hohem Schnee zu rechnen und man begegnet nur wenigen Menschen. Der spektakuläre Trailabschnitt im *Crater Lake National Park* ist sogar nur für drei bis vier Monate im Jahr zugänglich. Bevor der Trail den Columbia River erreicht, kreuzt er am *Mount Hood* einen anderen historischen Trail, die *Barlow Road*, auf der sich die Oregon-Trailer hinüber nach Portland quälten.

Appalachian Trail

Der Gebirgszug der Appalachen war bis zur Jahrhundertwende ein dicht besiedelter und über die Maßen ausgebeuteter Landstrich. Die Weiden waren übergrast, die heute bewaldeten Berghänge kahl. Eine Baumkrankheit zerstörte schließlich noch die letzten Kastanienwälder und löste eine verheerende Landflucht aus.

A.T. – Wegweiser bei Monson, Maine

Unter Präsident Franklin D. Roosevelt wurde beschlossen, die geschundene Landschaft wieder der Natur zurückzuführen. In den 30er Jahren ließ Roosevelt als Arbeitsbeschaffungsmaßnahmen vom sogenannten CCC *(Civilian Construction Corps)* über 13 000 Meilen Wanderwege und *Scenic Routes* ausbauen. Tausende arbeitsloser Jugendlicher lebten in primitiven Camps, hochmotiviert bekämpften sie Waldbrände und Bodenerosion, pflanzten Bäume, errichteten Schutzhütten für den *Appalachian Trail* und bauten den *Skyline Drive* aus. Das schweißte zusammen und noch heute treffen sich die Veteranen zu *Reunions*.

Voraussetzung für den Bau des *Skyline Drive* waren 1931 Landschenkungen und das Gesetz der *100 foot right of way*. Heute ist die 1939 vollendete Straße Teil des *Blue Ridge Highway*, der den *Shenandoah National Park* mit den *Great Smoky Mountains* parallel zum *Appalachian Trail* verbindet. Ein guter Einstieg für alle, die nur ein paar Tage wandern wollen.

Die Idee für diesen ersten transkontinentalen Wanderweg hatte ein Regionalplaner und pensionierter Harvard-Professor, Benton MacKaye. 1921 veröffentlichte der wie ein Einsiedler lebende Wissenschaftler seine Vision in einer Architekturzeitung. Sechzehn Jahre später hatten Tausende von Freiwilligen regionaler Wandervereine der 1927 gegründeten *Appalachian Trail Conference (ATC)* den Fernwanderweg entworfen, gebaut und markiert.

Der *Appalachian Trail*, unter Freunden kurz *A.T.* genannt, verläuft nur 1–3 Autostunden von den Metropolen der Ostküste entfernt, in einer Region, in der sich die Hälfte der Bewohner der Nation konzentriert. Kein Wunder also, daß der *Appalachian Trail* zunehmend durch kommerzielle Landnutzung eingeschränkt wurde. 1968 mußte der Pfad sogar unter Schutz gestellt werden. 1978 unterzeichnete Präsident Carter den *National Trail Systems Act*, der 90 Millionen Dollar für den Kauf von Land und Landrechten entlang des *Appalachian Trails* und des *Pacific Crest Scenic Trails* genehmigte. Heute führen nur noch 45 Meilen über privates Land. „Appalachian Trail – Georgia to Maine. A Footpath for Those who seek Fellowship with the Wilderness“, verkündet eine Bronzeplatte am südlichen Endpunkt in den *Springer Mountains* von Georgia. Von hier durchquert der Trail auf 3470 Kilometern bis zum *Mount Katahdin* in Maine 14 Staaten und acht National Forests.

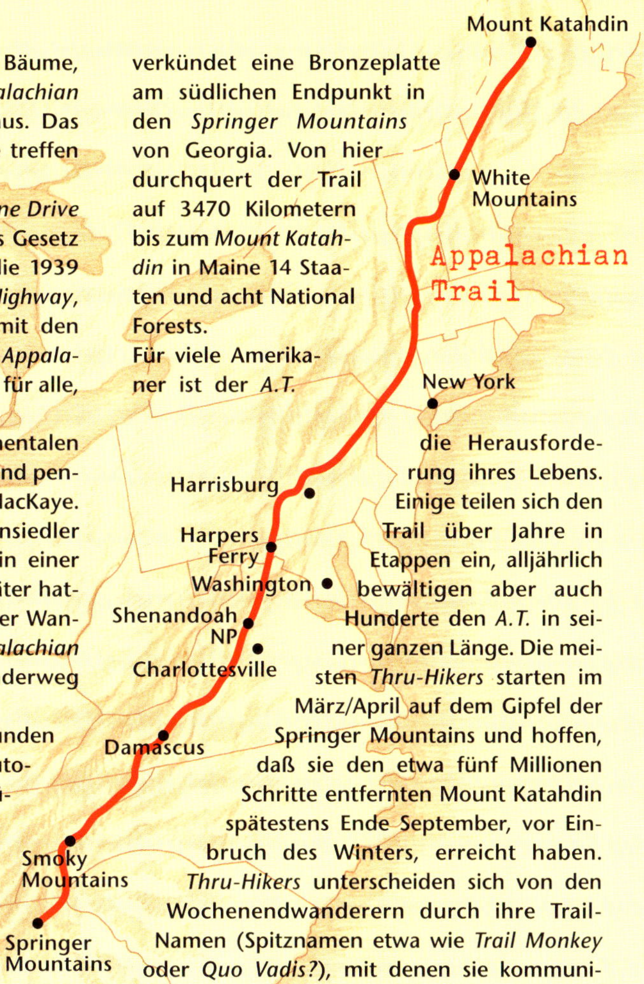

Für viele Amerikaner ist der *A.T.* die Herausforderung ihres Lebens. Einige teilen sich den Trail über Jahre in Etappen ein, alljährlich bewältigen aber auch Hunderte den *A.T.* in seiner ganzen Länge. Die meisten *Thru-Hikers* starten im März/April auf dem Gipfel der Springer Mountains und hoffen, daß sie den etwa fünf Millionen Schritte entfernten Mount Katahdin spätestens Ende September, vor Einbruch des Winters, erreicht haben. *Thru-Hikers* unterscheiden sich von den Wochenendwanderern durch ihre Trail-Namen (Spitznamen etwa wie *Trail Monkey* oder *Quo Vadis?*), mit denen sie kommunizieren und Nachrichten in den Hüttenbüchern austauschen.

A.T.C.-Hütte, Mount Washington

In regelmäßigen Abständen gibt es Hütten oder sogenannte *shelters*, das sind nach einer Seite offene Unterstände aus Holz, in denen etwa 10–20 Leute im Trockenen schlafen können. In den *Smoky Mountains* (hier liegt am *Clingmans Dome* auch der höchste Punkt des Wanderwegs) sind die Shelter zum Schutz vor Bären, die es auf die Nahrungsvorräte der Wanderer abgesehen haben, eingezäunt. Man fühlt sich wie im Zoo – nur in umgekehrten Rollen.

Ein Viertel des Trails führt durch Virginia. Das Hauptquartier der ATC liegt in Harpers Ferry, einem historischen Städtchen in wundervoller Lage am Zusammenfluß von *Shenandoah* und *Potomac River*. *Thru-Hiker* stellen sich vor dem Headquarter für ein obligatorisches Bild in Pose; hier bekommt man von Jean Cashin und ihren HelferInnen Infos, Kartenmaterial und Ratschläge und *Trailway News*, die witzig geschriebene Buschtrommel der ATC-Members.

Höhepunkte des Trails sind neben den *Smokies* und dem *Shenandoah National Park* die Durchquerung der *White Mountains* und die Besteigung des Mount Washington in New Hampshire. Dieser Berg gilt wegen seiner Wetterumschwünge und extremen Winde als gefährliche Etappe. Die schöne *Lakes of the Clouds AMC*-Hütte unterhalb des Gipfels ist auch mit einer Zahnradbahn leicht zu erreichen und meist überlaufen. Die Überquerung der *Mahoosuc Range* gilt ebenfalls als besonders schönes Teilstück des Trails. Kurz vor dem Ziel wartet in der Wildnis von Maine allerdings die härteste Etappe. In Monson können die Wagemutigsten bei Keith und Pat (*Shaw's Boarding House*) noch einmal in einem Bett schlafen, heiß duschen und sich bis zum Abwinken vollfuttern. Was alle tun, denn hinter Monson erwarten sie bis zum *Mt. Katahdin* 100 Meilen Wildnis, 12 Tage ohne Ortschaften und Läden in einer der letzten großen *Wilderness*-Gebiete der USA.

Kontaktadressen und Literaturhinweise erhalten Sie auf den Info-Seiten 196–199.

aus unserem Fotoalbum

Frühstückspause, Karl und Manfred nach einer Foto-Session im Monument Valley

Chrisy und Lutz zu Besuch bei uns im Camper, Parkplatz am Chimney Rock

Mit „Thru-Hikers" bei Big Meadows Appalachian Trail, Shenandoah N.P.

Mittagspause am Highway 2 Farmer Hall, Douglas, Washington

…die in unserem „Standard Bedroom"
… Amtrak „Empire Builder"

Hanover, Maine – für Hannoveraner ein Grund zum Anhalten

am Haken, die einzige Panne

…f der „California 1" entlang der Pazifikküste

Bernhard auf seiner BMW

Service

Fahrzeug

Miete oder Kauf? Für Reisen bis zu drei Monaten muß man nicht lange rechnen. Die Kosten von Anschaffung, Zulassung, Versicherungen, Steuern und möglichen Reparaturen sind kaum niedriger als die einer Miete – Zeit und Ärger unberücksichtigt. Bei längeren Reisen gibt es keine Alternative zum Kauf, aber man muß sich auf zahlreiche Hürden gefaßt machen. Versicherungs- und Zulassungsbedingungen unterscheiden sich in den einzelnen Bundesstaaten ganz erheblich.

Zunächst benötigt man einen Wohnsitz, meist genügt die Adresse eines Freundes. Für eine Zulassung reicht häufig als Identifikation der Paß und internationale Führerschein; in einigen Bundesstaaten, wie Kalifornien, benötigt man auch eine amerikanische Identifikation oder einen amerikanischen Führerschein. Hat man schließlich ein Fahrzeug erworben, sind für die Zulassung auch Kfz-Schein (*Title*) und Kaufvertrag vorzuweisen. Nach Zahlung der Steuer (*Sales Tax*) und Anmeldung bekommt man Nummernschilder und Registration ausgehändigt.

Eine Haftpflichtversicherung (*Liability Insurance*) war lange für die Zulassung keine Vorbedingung, und nicht wenige Amerikaner ließen es darauf ankommen. Selbst von den häufig angebotenen Deckungssummen von nur 300 000 US-$ sollte man Abstand nehmen, und angesichts der amerikanischen Streitwerte ist sogar eine Deckungssumme von 1 Million empfehlenswert. Das ist nicht billig, denn man wird als Ausländer (auch bei nachgewiesenen 25 Jahren unfallfreiem Fahren) mit 100 % eingestuft, junge Leute zwischen 21 und 24 sogar mit 150 %.

Aus meiner Sicht ist angesichts des Versicherungsdschungels vor Ort ein Versicherungsabschluß schon in Europa zu empfehlen. Mehrere Versicherungsgesellschaften wie

- *Novak-AIU-Versicherung* ($-Tarife, Tel. 0 61 22-156 46)
- *Tour Insure* (Tel. 040-25 17 21 50)

bieten solche Verträge, die man sogar „blanko" mit in die USA nehmen kann und die nach der Zulassung mit den notwendigen Daten ergänzt werden. Die *Novak-Versicherung* ist vergleichbar preisgünstig und reagiert schnell. Merke: Fahrzeuge, die älter als sieben Jahre sind, können in der Regel nicht mehr kaskoversichert werden.

Der Automobilclub AAA (sprich „Triple Ay"), die *American Automobile Association*, bietet Versicherungen, auch Kasko-Versicherungen. Als Mitglied der meisten europäischen Automobil-Clubs (Mitgliedskarte nicht vergessen!) bekommt man in den AAA-Büros kostenlos hervorragende Straßenkarten. Pannenhilfe und Abschleppleistungen erhält man allerdings nur als AAA-Mitglied. Aus diesem Grund ist eine Mitgliedschaft (Jahresbeitrag 40 US-$ plus 22 US-$ Abschleppservice für RVs/Camper) in Erwägung zu ziehen. Wer einmal im menschenleeren Utah am Straßenrand stehengeblieben ist, weiß diese Sicherheit zu schätzen. Viele Campingplätze, Mietwagenfirmen und Institutionen gewähren bei Vorlage eines AAA-Ausweises bis zu 10 % Preisnachlaß. Auch die AAA-Campbooks sind empfehlenswert.

Uns half beim Kauf und bei der Zulassung unseres *Pick-ups* das Ehepaar Wolf und Ingrid Goerrissen, die seit Jahren von Santa Monica aus eine kleine Verleihfirma (Micro-Minis) betreiben und auf Anfrage den Fahrzeugkauf organisieren:

- *Urlaub im Motorhome* Tel. 001 310 821 88 02 / Fax: (310) 821 99 17

Einige von Europa aus operierende Firmen wie

- *Transatlantic Automobile*, Tel. 0 54 61-6 20 60
- *Ruedis Auto Vermittlung*, Schweiz, Tel. 00 41-31 911 36 83
- *Wild West Campers*, Schweiz, Tel. 00 41-56 633 81 17

bieten Mieten, Einwegtouren und auch Kauf mit garantiertem Rückkauf an. Die Rückkaufsumme wird allerdings weniger nach Zustand als nach einer Monatspauschale bemessen. Es bleibt natürlich unbenommen, den Wagen frei zu verkaufen. Aber das kann – je nach Region oder Jahreszeit – schwierig werden.

Der Markt für *Mobile Homes* und Camper in einer Nation von *On the road*-Fanatikern ist entsprechend riesig und unübersichtlich. Gebrauchtwagenhändler haben häufig nur recht neue (und teure) Modelle im Angebot. Erfolgversprechender ist die Suche über Lokalzeitungen oder Anzeigenblätter – Suchen Sie unter der Rubrik „RV" (sprich Ar-Wi) oder *Recreational Vehicles*. Zu deutsch: Freizeit-Vehikel. In Ballungsgebieten wie Los Angeles gibt es auch spezialisierte Anzeigenhefte (z. B. RV-Trader), die wöchentlich erscheinen. Die Fahrzeuge werden meist mit Foto vorgestellt, man erkennt also rasch, was sich hinter der Bezeichnung *GMC Palm Beach*, *Dodge Tradesman* oder einem *Toyota Chinook* versteckt.

Welches Fahrzeug? Das ist eine Geschmacksfrage. Nachdem ich Europa jahrelang mit einem VW-Bus durchstreift hatte, konnte ich mir kaum eine Alternative zu diesem Klassiker vorstellen. Die konzeptionell ähnlichen *Van Camper* oder *Van Conversion* diverser Hersteller kommen dem Gefühl zwar nahe, bieten aber bei größeren Außenmaßen selten die ausgefeilte Raumnutzung eines ausgebauten VW-Bullis. Und schlucken deutlich mehr Sprit. Doch der ist bekanntermaßen in Amerika skandalös billig.

Ist man viel auf Achse, sind große *Motorhomes* über 24 Fuß (7,4 Meter) Länge zu meiden, da sie zu schwerfällig und zu teuer sind. Und *Motorhomes* von 18 Fuß bieten unglaublichen Komfort: mehrere Schlafstellen, voll ausgerüstete Küche, Sitzecke, Dusche und WC. Kleine, auf Toyota-Basis gebaute Micro-Minis sind für amerikanische Verhältnisse zwar untermotorisiert, dafür erstaunlich geräumig. Eine sehr gute und detaillierte Anleitung zu Kauf und Miete eines Campers bietet der *USA-Kanada-Führer* aus dem Reise Know-How-Verlag (siehe Literatur).

Unsere Wahl fiel schließlich – eher aus sentimentalen Gründen – auf ein typisches Ami-Vehikel: einen bewährten Pick-up mit aufgeschobener Camperkabine. Nach der groben Übersicht über mögliche Campertypen kann ich detailliert nur auf die Vor- und Nachteile unseres Heims eingehen. Eine kleine Ode auf den Pick-up-Truck.

FORD 250 Pick-up-Truck, Baujahr 87, mit Doppelkabine (Supercab) und einem 6.9 L-Dieselmotor. Der FORD 250 war lange das meistverkaufte Fahrzeug der USA, der Dieselmotor galt beim Kauf mit einer Laufleistung von 140 000 Meilen als gerade einmal eingefahren. Nach amerikanischen Vorstellungen hielt sich der Verbrauch der 6,9-Liter-Maschine sogar in Grenzen und lag zwischen 19–23 Litern auf 100 Kilometer. Die Tanks faßten entsprechend. Bei solchem Durst kommt man auch mit 38 Gallonen (144 Liter) Tankfüllung auf maximal 430 Meilen (690 km).

Das Auto der Cowboys und Farmer, mit einer Karosserie aus verzinktem, nicht rostendem Blech und einer robusten Technik, scheint für die Ewigkeit gebaut. Ein *Heavy Duty*-Truck, ein Fahrzeug für Schwerstarbeit. Die Robustheit ist Resultat einer einfachen, längst veralteten Technik: Starrachse mit Blattfedern. Der Radstand und die großen Reifen sorgen für große Bodenfreiheit, und sogar ohne Allradantrieb bewährte sich der Truck „off road".

Von Allradfahrzeugen für Camper ist im allgemeinen abzuraten. Denn sie sind aufgrund der besonders hohen Bodenfreiheit noch höher im Aufbau und deshalb etwas seitenwindempfindlicher. Die aufgeschobene und bei Unebenheiten schwankende Camperkabine zwingt im Gelände zu extrem langsamer Fahrweise. Die allgemeine Erfahrung lehrt auch, daß die Mehrzahl der steckengebliebene Fahrzeuge Allradwagen sind. Grund: Selbstüberschätzung.

Die Rückbank unserer *Supercab* diente als Ablage für Bücher, Karten und Arbeitsgeräte, zum Beispiel für meine Leicas. Hinten auf dem Pickup war eine Campingzelle (auch *Slide-on* oder *Cab-over Camper* genannt) aufgeschoben und durch vier Stahltrosse mit dem Truck verbunden. Nachteil: Es gibt keinen Durchgang vom Führerhaus zur Wohnkabine. Ein nicht zu unterschätzender Vorteil ist allerdings, daß in diesem Fahrzeug niemand einen mit teuren Kameras bewaffneten Fotografen vermutete.

Der über elf Jahre alte Camper der Marke *Beaver* verfügte neben Schlafplätzen für drei bis vier Personen, einer großen Sitzecke, einer Küchenzeile (4-Flammen-Gasherd mit Backofen, Spüle, Kühlschrank mit Gefrierfach) und viel Stauraum auch über eine WC-Zelle mit Waschbecken. Eine Klimaanlage war vorhanden, wir nutzten sie trotz Hitze allerdings nur selten, denn dafür ist Stromanschluß Voraussetzung. Das Dach war begehbar und bot auch Platz für eine Matratze – als Bett unter den Sternen. Ein Vorteil dieser Pick-up-Kombination ist die mögliche Trennung von Truck und Camper, der dann auf vier eigenen Füßen steht. Das erfordert allerdings Geschick und Zeit.

Camping

Great Outdoors ist ein Zauberwort in den USA, und davon wird viel geboten. Es gibt eine große Zahl von Campingplätzen aller Komfortklassen. Die liebsten waren mir die einfachen Campgrounds der National Parks und National Forests. Zwischen Redwood-Baumriesen oder roten Felsen wird Camping zum Erlebnis. Diese Plätze in der Natur verfügen meist 'nur' über sehr einfache, saubere sanitäre Einrichtungen. In den während der Ferien überlaufenen Nationalparks wie dem *Arches National Park*, sind die verfügbaren Plätze schon am frühen Morgen vergeben, in etwas abgelegenen Orten findet man selbst am späten Nachmittag noch ein ideales Plätzchen. Die Übernachtungskosten liegen hier pro Fahrzeug je nach Ausstattung zwischen 2 und 10 US-$ und erfordern häufig Selbstregistrierung. Städte und Counties unterhalten meist preiswerte, allerdings häufig miserabel gepflegte Plätze. In den *AAA-Campbooks* sind die besten Campgrounds aufgeführt.

Das landschaftliche Ambiente der kommerziell betriebenen Campingplätzen fällt weit hinter dem Reiz der kleinen Campgrounds der Nationalparks zurück. Geboten werden *Sites* (mit Stromanschluß und Wasserhahn) und *Hook-ups* (zusätzlich noch Abwasserabfluß). Die Qualität der Angebote klafft weit auseinander. Nicht selten sind die sanitären Anlagen verdreckt, und bei 15–20 US-$ Übernachtungsgebühr ist das frustrierend. In der Nähe von Interstates oder stark befahrenen Highways können diese Campgrounds zudem (sehr) laut sein. Lärmempfindliche sollten auf Hinweise in der Katalogbeschreibung achten, in denen ruhige Lage angekündigt wird.

Entlang der großen Interstates und Main Highways haben wir mit KOA-Plätzen gute Erfahrungen gemacht. KOA (*Kampgrounds of America*) ist ein Zusammenschluß privat geführter Campingplätze zu einer straff organisierten Dachorganisation mit gemeinsamer Werbung. KOA garantiert als Franchise-Kette einen Qualitätsanspruch. Die Campingplätze liegen allerdings aufgrund ihrer verkehrsgünstigen Lage häufig in unmittelbarer Nähe vielbefahrener Verkehrsadern, sind z. T. recht laut, doch sehr komfortabel: Shop, Waschmaschinen, exzellente sanitäre Anlagen, saubere Standplätze, häufig Pool oder Kinderspielplätze. Von Vorteil erscheint mir auch der KOA-Atlas, der mit Karte und genauer Wegbeschreibung die Orientierung erleichtert.

Fliegen

Bei USA-Reisen von weniger als 90 Tagen Dauer müssen Sie nur den Reisepaß einstecken und erhalten am Ankunfts-Flughafen ein Visum. Ein Tip sollte Ihnen nicht unbekannt sein: Bei Flügen über den Atlantik können Sie statt der üblichen 20 bis zu 64 Kilo Freigepäck pro Person (max. zwei Gepäckstücke) mitführen. Sie müssen also auf Zelt, Bücher, Espressokanne und andere geliebte Reiseutensilien nicht verzichten.

Literatur

On the road

- **Travels with Charley – In Search of America ****
  John Steinbeck, (dtsch: Meine Reise mit Charley, dtv-Taschenbuch, 1988)
- **Blue Highways – A Journey into America*****
  William Least Heat Moon
- **Straßen der Erinnerung*****
  („The Lost Continent – Travels in Small Town America"), Bill Bryson, Ullstein Verlag, 1989
- **Highway 50/3000 Meilen Amerika pur****
  Jim Lilliefors, Ullstein-Verlag, 1994
- **On the Road/Unterwegs**
  Jack Kerouac, (dtsch: rororo, 1968)
- **Zen und die Kunst, ein Motorrad zu warten**
  Robert M. Pirsig, Fischer Taschenbuch, 1976
- **American Dreams**
  Bildreportage des Zeichners Maurice Kennel und Beiträgen von Wim Wenders, Jürg Federspiel, Nick Tosches, Tom Nolan, u.a., U. Bär-Verlag, 1984
- **Amerika Tag und Nacht**
  Simone de Beauvoir, rororo, 1988

Trail-Literatur

- **Seven Trails West*****
  Arthur King Peters, Abbeville Press Publishers, New York, 1996
- **Trails across America*****
  Arthur P. Miller Jr. und Marjorie L. Miller Traveller's Guide to Our National Scenic and Historic Trails, Fulcrum Publishing, Golden, Colorado, 1996
- **Road Trip USA*****
  Cross-Country Adventures on America's Two-Lane Highways, Jamie Jensen, Moon Travel Handbooks (in Deutschland über ILH-GeoCenter zu beziehen)
- **Pioneer Trails West**
  Western Writers of America, The Caxton Printers, Caldwell, Idaho, 1985
- **Pathways to Discovery**
  Exploring America's National Trails, National Geographic Society

Lewis & Clark

- **The Journals of Lewis and Clark**
  Meriwether Lewis, Penguin Books, 1989
- **Out West: American Journey along the Lewis & Clark Trail**, Dayton Duncan, Viking Penguin, 1987
- **The Traveler's Guide to the Lewis & Clark Trail**
  Julie Fanselow, Falcon Guides, 1994
- **In the Footsteps of Lewis and Clark**
  Gerald S. Snyder, National Geographic Society, 1970
- **Lewis and Clark National Historic Trail**
  Information und Karte, National Park Service
- **Lewis and Clark across the Lolo Trail**
  Information und Karte, Lolo National Forest Service erhalten Sie beim Clearwater National Forest, 12730 Highway 12, Orofino, ID 83544
- **Katy Trail Guide Book**
  Brett Dufur, (Fahrrad-Trail auf ehemaliger Bahnstrecke entlang Missouri), Pebble Publishing, 1995

Santa Fe Trail

- **The SANTA FE TRAIL – Yesterday and Today**
  William E. Hill, The Caxton Printers, Ltd, Caldwell, Idaho, 1992
- **Info-Faltblatt SANTA FE TRAIL**
  National Park Service, Santa Fe
- **On the Santa Fe Trail**
  Marc Simmons, University Press of Kansas (Tagebuchsammlung 1842–67)
- **The Santa Fe Trail revisited**
  Gregory M. Franzwa, Patrice Press, St. Louis, 1989
- **Maps of the Santa Fe Trail**
  Gregory M. Franzwa, (Karten mit Erläuterungen), Patrice Press, St. Louis, MO

Spanish Trail

- **In Search of the Spanish Trail 1829-1848**
  C. Gregory Crampton & Steven K. Madsen Gibbs Smith Publishing, Salt Lake City, 1994
- **Old Spanish Trail: Santa Fe to Los Angeles**
  LeRoy R. Hafen, University of Nebraska Press, 1993

Oregon Trail

- **Emigrants Guide to Oregon and California**
  The 1845 Pioneer's Guide for the Westward Traveler, Lansford W. Hastings, Applewood Books
- **The Discovery of the Oregon Trail**
  zeitgenössische Aufzeichnungen von Robert Stuart, Philip Ashton Rollins, University of Nebraska, 1995
- **The Traveler's Guide to the Oregon Trail**
  Julie Fanselow, Falcon Press, Helena, 1992
- **In the Ruts of the Wagon Wheels**
  Laurence E. Nielsen, Pioneer Roads in Eastern Oregon, Maverick Publications

Eisenbahn

- **Getting There**
  (The Epic Struggle between Road and Rail in the American Century), Stephen B. Goddard, Basic Books
- **USA by Train**
  Ronald Gohl, Umschau-Verlag, Frankfurt, 1995
- **History of Railroads in America*****
  Oliver Jensen, Wings Books, New York, 1975

Trails am Mississippi

- **Trail of Tears: American Indians driven from their lands**
  Jeanne Williams, Hendrik-Long-Publications, Texas, 1992
- **The long, bitter trail: Andrew Jackson and the Indians,**
  Anthony F.C. Wallace, Hill and Wang, New York,
- **Managment and Use Plan – Map Supplement**
  National Park Service
- **The Devil's Backbone – The Story of the Natchez Trace**
  Jonathan Daniels, Pelican Publishing Company

****** Aus unserer Sicht besonders gute Trail-Lektüre haben wir mit Sternen gekennzeichnet.***

Butterfield

- **The Traveler's Guide to the Pony Express**
  Joe Bensen, Falcon Press, Helena, Montana
- **The Butterfield Overland Mail**
  Waterman L. Ormsby, Westbound St. Louis – San Francisco, (zeitgenössische Berichte eines Reporters aus 1858), The Huntington Library, San Marino, Reprint 1991
- **900 Miles on the Butterfield Trail**
  A.C. Greene, University of North Texas, 1994

Lincoln Highway

- **Lincoln Highway, The Complete Official 1924-Offical Road Guide,****
  Reprint der Ausgabe von 1924, The Patrice Press, Tucson, Arizona, 1993
- **Lincoln Highway, The Complete Offical 1916-Road Guide,**** Reprint der Ausgabe von 1916, Pleiades Press, Sacramento, 1995
- **The Lincoln Highway**
  Gregory M. Franzwa, Patrice Press, Tucson, 1995
- **U.S. 40 Today****
  30 Years of Landscape Change in America
  Thomas R. + Geraldine R. Vale,
  University of Wisconsin Press, 1983
- **Traveling the National Road**
  Merritt Ierley, The Overlook Press, Woodstock, New York, 1990

Route 66

- **Streckenpilot Route 66**
  Tom Snyder, Entlang der Traumstraße Amerikas, Ullstein Verlag
- **Route 66 – A Guidebook to the Mother Road**
  Bob Moore & Patrick Grauwels, (Reiseführer mit Meilenangaben)
- **Route 66 – The Mother Road*****
  Michael Wallis, St. Martin's Press , New York 1990
- **A Guide Book to Highway 66**
  Jack D. Rittenhausen, Reprint der Erstausgabe von 1946, University of New Mexico Press, 1989
- **Route 66**
  Holger Hoetzel, Straße der Sehnsucht, Ullstein Verlag
- **Früchte des Zorns**
  John Steinbeck, (schildert die Reise der Familie Joad auf der Motherroad nach Kalifornien), dtv-Verlag

Wander-Trails

- **Mountain Adventure, Exploring the Appalachian Trail**
  Ron Fisher / Sam Abell,
  National Geographic Society, 1988
- **Karten-Faltblatt mit Informationen**
  National Scenic Trail/
  Maine to Georgia National Park Service
- **Karten-Faltblatt mit Informationen**
  Shenandoah National Park Virginia
- **Blue Ridge Range/The Gentle Mountains**
  Ron Fisher / Richard Alexander Cooke III,
  National Geographic Society, 1992
- **Wanderkarten**
  Es gibt für jeden Abschnitt sehr gute Wanderkarten (1:62.500) mit Höhenlinien, genauen Entfernungs- und Höhenangaben, Hütten und Campsites, und natürlich all den einzuhaltenen Regeln.
- **The Mountains of California**
  John Muir, Sierra Club, San Francisco, 1989
- **Timberline Country: the Sierra High Route**
  Steve Roper, Sierra Club, San Francisco, 1982
- **Guide to the John Muir Trail and the High Sierra Region**
  Walter A. Starr, Sierra Club, San Francisco

Reiseführer

- **Scenic Highways and Byways*****
  National Geographic Society, dtsch. Ausgabe: On the Road***
  Die schönsten Straßen der USA, RV-Verlag 1996 (ein Muß für jeden Trail- und Highway-Reisenden)
- **Crossing America – The Interstates**
  National Geographic Society, dtsch. Ausgabe: Amerikas Traumstraßen, GeoSaison-Guide, RV-Verlag
- **USA-National Parks*****
  Reise- und Naturführer der National Geographic Society, GeoGuide, RV-Verlag
- **Crossing America**
  Reiseführer für Rundreise quer durch die USA, APA Publications
- **Fodor's 96 USA**
  Übersichtlicher engl. Reiseführer mit ausführlichen Serviceangaben, Fodor's Travel Publication
- **USA Traveller Handbuch****
  (dtsch. Ausgabe USA – The Rough Guide, Cook, Jensen, Perry, Ward) Sehr detaillierter Reiseführer, gut recherchiert und mit historischer und sozialer Hintergrund-Information, Stefan Loose-Verlag
- **Reise Know-How – USA-Canada**
  Hans-R. Grundmann, Reise Know-How
- **USA – Der Südwesten/Oregon + Washington/ Kalifornien,** diverse, detaillierte und in der Regel gut recherchierte Reiseführer, Velbinger Verlag
- **USA – Anders Reisen****
  Till Bartels, rororo
- **Im Westen der USA****
  Routen zwischen Pazifik und Arizona, Dieter Kreutzkamp, Frederking & Thaler Verlag, 1992
- **Indianer-Reservate U.S.A.*****
  Ein sehr informativer Band über Kultur, Riten und Geschichte der Ureinwohner, Übersicht über die Stämme und Reservate und den Holocaust der Weißen an den Indianern. APA Guide, 1992

Karten

- **Western Emigrant Trails (1830-1870)******
  Major Trails, Cutoffs and Alternates, (sehr guter Überblick über die historischen Trails), Oregon-California Trails Association
- **Rand McNally ROAD ATLAS******
  Dieser Straßenatlas ist ein unverzichtbares Muß für transkontinentale Reisen in den Staaten. Gute Übersicht, gute Staatenkarten und Index.
- **Atlas & Gazetteer*****
  Delorme Mapping, Freeport, Maine
  Für die meisten Staaten der Rocky Mountains, der Westküste, Neuenglands und der Oststaaten bringt dieser Verlag hervorragende Straßenatlanten heraus, die in ihrer Genauigkeit nicht zur übertreffen sind. Praktisch jeder befahrbare Feldweg ist verzeichnet.
- **Guide to Indian Country****
  AAA-Karte des Südwestens der USA
- **World-Cart, Straßenkarten**
  (Ost, West, Zentral) im Maßstab 1:2 Mio, RV-Verlag. Diese Karten werden vom ILH-GeoCenter in Stuttgart vertrieben.

Bildbände

- **Highway – Amerikas endloser Traum*****
  Fotografiert von Jeff Brouws und Textbeiträgen von Phil Patton und Bernd Polster, DuMont Verlag
- **Crossing the frontier**
  Photographs of the Developing West, 1849 to present, San Francisco Museum of Modern Art, Chronicle Books, 1997

Infos + Kontakte

Die Adressen der Touristenbüros der einzelnen Bundesstaaten entnehmen Sie bitte Ihrem Reiseführer. Wir haben uns in diesem Band auf die entsprechenden Trail-Adressen beschränkt.

Lewis & Clark

- **Lewis and Clark Trail Heritage Foundation**
  P.O. Box 3434, Great Falls, MT 59403
  Tel. (406) 4 53-70 91

Die informative Faltkarte zum Trail ist über die Touristenbüros der einzelnen Staaten zu erhalten oder auch beim:

- **NPS Lewis and Clark National Historic Trail**
  700 Rayovac Drive, Suite 100, Madison, WI 53711
  Tel. (608) 2 64-56 10

Oregon Trail

- **Oregon-California Trail Association**
  524 South Osage Street, P.O. Box 1019, Independence, MO 64051-0519
  Tel. (816) 252-22 76

Pony Express

- **Pony Express National Memorial**
  914 Penn Street, P.O. Box 244
  St. Joseph, Missouri 64502-0244
  Tel. (816) 279-50 59
- **National Pony Express Association**
  440 Garner Lake Road
  Gillette, WY 82716
  1002 Jenkins, Marysville, KS 66508
  Tel. (913) 562-36 15

Santa Fe Trail

- **Santa Fe Trail Association**
  Santa Fe Trail Center,
  Rte. 3, Larned, KS 67550
  Tel. (316) 285-20 54
- **Kansas Travel & Tourism**
  700 S.W. Harrison Street, Suite 1300,
  Topeka, KS 66603

Falls Sie die Auto-Tourenkarte für den Santa Fe Trail möchten, schreiben Sie an:

- **Branch of Long Distance Trails**
  National Park Service,
  Southwest Field Office
  P.O. Box 728, Santa Fe,
  New Mexico 87504-0728

Natchez Trace

- **Natchez Trace Trail Conference, Inc.**
  P.O. Box 1236,
  Jackson, MS 39215-1236
  Tel. (601) 965-45 00
- **Natchez Trace Parkway**
  Rural Route 1, NT-143 Tupelo
  Mississippi 38801-9718
  Tel. (601) 680 40 25

Trail of Tears

- **Trail of Tears Association**
  1100 North University, Suite 133
  Little Rock, Arkansas 72207
- **Trail of Tears Association**
  P.O. Box 2069
  Cherokee, NC 287719
  Tel. (803) 297-82 00

Route 66

- **US Route 66 Association**
  P.O. Drawer 5323,
  Oxnard, CA 93031
- **Oklahoma Tourism**
  505 Will Rogers Bldg
  2401 Lincoln Blvd
  Oklahoma City, OK 73105

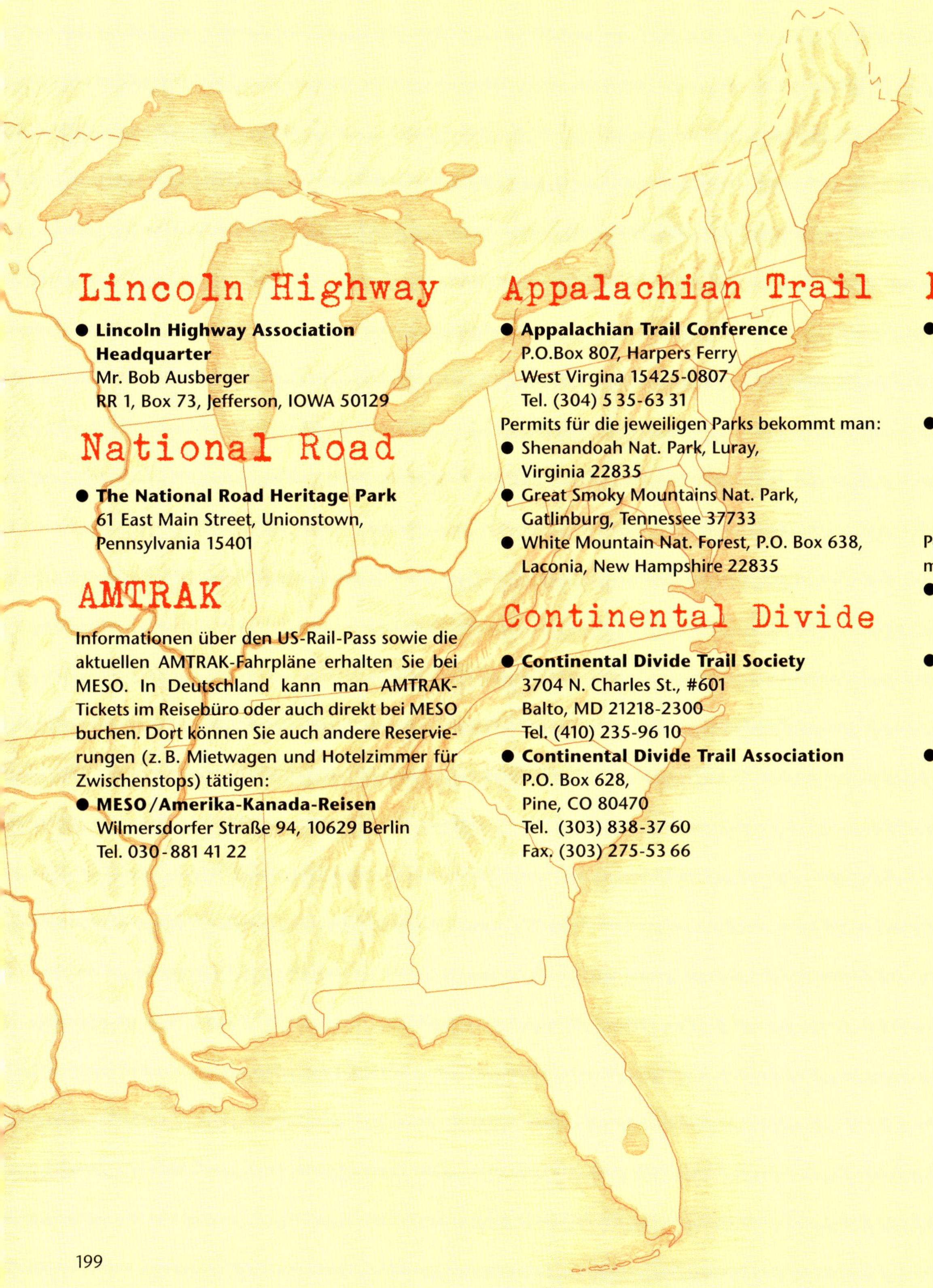

Lincoln Highway

- **Lincoln Highway Association Headquarter**
  Mr. Bob Ausberger
  RR 1, Box 73, Jefferson, IOWA 50129

National Road

- **The National Road Heritage Park**
  61 East Main Street, Unionstown,
  Pennsylvania 15401

AMTRAK

Informationen über den US-Rail-Pass sowie die aktuellen AMTRAK-Fahrpläne erhalten Sie bei MESO. In Deutschland kann man AMTRAK-Tickets im Reisebüro oder auch direkt bei MESO buchen. Dort können Sie auch andere Reservierungen (z. B. Mietwagen und Hotelzimmer für Zwischenstops) tätigen:

- **MESO/Amerika-Kanada-Reisen**
  Wilmersdorfer Straße 94, 10629 Berlin
  Tel. 030-881 41 22

Appalachian Trail

- **Appalachian Trail Conference**
  P.O.Box 807, Harpers Ferry
  West Virgina 15425-0807
  Tel. (304) 5 35-63 31

Permits für die jeweiligen Parks bekommt man:

- Shenandoah Nat. Park, Luray,
  Virginia 22835
- Great Smoky Mountains Nat. Park,
  Gatlinburg, Tennessee 37733
- White Mountain Nat. Forest, P.O. Box 638,
  Laconia, New Hampshire 22835

Continental Divide

- **Continental Divide Trail Society**
  3704 N. Charles St., #601
  Balto, MD 21218-2300
  Tel. (410) 235-96 10
- **Continental Divide Trail Association**
  P.O. Box 628,
  Pine, CO 80470
  Tel. (303) 838-37 60
  Fax. (303) 275-53 66

Pacific Crest

- **Pacific Crest Trail Association**
  5325 Elkhorn Blvd. #256
  Sacramento, CA 95842
  Tel. (800) 8172243
- **Pacific Crest Trail Conference**
  (gegründet 1977)
  Ben York, 1363 Peaceful Place,
  Alpine, CA 91901
  Tel. (619) 445-5604

Permits für Teilabschnitte des PCT beantragt man:

- **Wilderness Office (vom 1. 2. – 31. 5.)**
  P.O. Box 577, Yosemite N.P., CA 95389
  Tel. (209) 372-02 85
- **USFS Mammoth Ranger District**
  (vom 1. 3. – 31. 5.)
  P.O.Box 148, Mammoth Lakes, CA 93546
  Tel. (209) 924-55 00
- **Mount Whitney Trail Wilderness Reservation**
  P.O.Box 8, Lone Pine, CA 93545
  Tel. (209) 876-55 42

Danke!

Die Dankesliste eines solch' langfristigen Buchprojekts muß zwangsläufig lang sein, denn es ist nur mit tatkräftiger Unterstützung anderer zu bewältigen. Mein besonderer Dank geht an den Sponsor dieses Projekts, die Norddeutsche Landesbank NORD/LB, der wir das Nummernschild unseres Ford-Pickups gewidmet haben. Ohne die Unterstützung der NORD/LB hätte dieses Projekt nicht realisiert werden können. Insbesondere möchte ich Frau Prof. Dr. Margarita Mathiopoulos, Herrn Dr. Lutz Tantow und Herrn Gottfried Buchs danken.

Peter und Sabine Tautfest haben das Projekt gedanklich und praktisch mit angeschoben, auch ihnen möchte ich hier herzlich danken. Von amerikanischen Behörden und Vereinigungen haben wir von Anfang an informative Unterstützung erhalten, u. a. von John T. Conoboy (US National Park Service, Long Distance Trails Group), Steven Elkinton (US National Park Service/Program Leader National Trail Systems), Bob Ausberger (Lincoln Highway Association), Sarah M. Elder (St. Joseph Museum).

Bettina Coranth und Annette Oevermann (Stürtz-Verlag) möchte ich für die kreative Lektoratsarbeit danken, Jackie für ihre Unterstützung, ihr Ratschläge und ihre Geduld. Für Kritik und Ratschläge bei der Bildauswahl und beim Lesen der Texte ein besonderes Dankeschön an Ortrud Brinkmann, Goetz Buchholz, Tommy Schneider, Manfred Schmidt, Fritz Fischlein, Christian Personn, Hauke Dressler und Kerstin Meier.

Bernhard Schmidt dankt besonders: Madulein und Christian Wüst, Sinta Tamsjadi, Angela Debes, Stephanie Bock, Thomas Zwicker, Annette Pieler, Richard Schmidt.

Amerikaner sind für ihre oft überschäumende Hilfsbereitschaft berühmt. Aber dies ist natürlich nicht selbstverständlich und deshalb danken wir hier allen, die uns auf unseren Trails in besonderer Weise geholfen haben:

Alan, Ruth und Peter Barnett, Mill Valley – Freeman Cockram, Floyd – Janet Crane und Rod Freebairn Smith, San Francisco – Linda und Les Davis und Julia Stafford, Cimarron-Ranch – Renate und Walt Evans, Washington D. C. – John H. Evans und Stacy Kollar, New York – Fabian Fontanelle, Zuni – Wolf und Ingrid und Niels Goerrissen, Santa Monica – Mechthild Groß, Akron – Chrisy Austin und Lutz Hartge, Oregon Trail, Harzburg – Irma und Jerry McGuirre, Lander – David Kallgren und Leslie van Barselaar, Lander – Hans und Gianna Panofski, Evanston – Doug Pappas, Hartsdale – Harald Pietschmann, Los Angeles – Homer Staves, Billings – Riccardo und Atsuko Tossani, Santa Monica – Roberta Taba, San Francisco – Linda und Chi Kwong Tong, New York.

Nicht zuletzt mein Dank an die Leute in der Produktion, vor allem an Klaus Druhmann, Petra Hannemann, Gertrud Kortlang, Ralf Wienecke, Jörg Wohlt, Werner Lembke, Helmut Reinholz, Josef Kaletta.

Bernhard Schmidt

geboren 1951 in Istha/Nordhessen

Bernhard Schmidt arbeitete mehrere Jahre in der Redaktion des ***Stern***, bevor er sich für den freien Journalismus entschied. Er verbrachte – verteilt auf ungefähr 30 Reisen – insgesamt zwei Jahre seines Lebens in den USA. Meist war er dabei auf „Reportage" unterwegs, etwa für ***Abenteuer & Reisen, ADAC-Special-Reise***, ***BMW-Magazin*** und viele andere. Er schrieb Stories über die Rekordfahrten auf den Salzseen von Utah, den Big Bend National Park, die Umweltschutzorganisation „Nature Conservancy", die Canyonlands, er reiste die Route des Schriftstellers Robert M. Pirsig aus dessen Buch „Zen und die Kunst ein Motorrad zu warten" nach, er schrieb über die schönsten Oldtimer Amerikas, über Speed-Limits, den Harley-Davidson-Kult und die Rentner in ihren Wohnmobilen.

Als Diplomingenieur ist sein Spezialgebiet alles, was mit Fahrzeugen zu tun hat. 1980 sattelte er auf Journalismus um, weil er gerne reist und überall dort sein wollte, wo die „wichtigen Dinge" auf diesem Globus passieren. Das führte ihn für den ***Stern*** auch nach Tansania und Uganda, für ***Tempo*** in den Irak, für ***Marie-Claire*** nach Thailand und für den ***Spiegel*** nach Australien. ***American Trails*** ist sein erstes Buch.

Karl Johaentges

geboren 1948 in Daun/Eifel.

Nach seinem Erfolgsbuch ***Bilder einer Weltreise*** und der erfolgreichen Gründung seines KaJo-Verlages brachte Karl Johaentges in Zusammenarbeit mit seiner australischen Partnerin Jackie Blackwood sowie anderen Fotografen und Autoren bislang 19 Bildbände heraus. Drei dieser Bände wurden mit einem Kodak-Fotobuchpreis ausgezeichnet. Seinen ursprünglichen Architektenberuf hat Karl Johaentges 'an den Nagel gehängt', seit 12 Jahren arbeitet er als Profifotograf und Verleger in Hannover. Neben eigenen Buchprojekten fotografiert er regelmäßig Reisereportagen, die in zahlreichen deutschen und ausländischen Magazinen (u. a. ZEITmagazin, Merian, Globo, GEO-Saison, u. a.) veröffentlicht wurden.

1990 gründete er mit 18 anderen Fotografen die ***Bildagentur der Fotografen LOOK*** in München (089-544233-0), die seitdem sein gesamtes Bildmaterial archiviert und anbietet. Im Herbst 1996 gab er seine verlegerische Aufgaben an den Stürtz-Verlag in Würzburg ab, um sich wieder verstärkt herausgeberischen Aufgaben und vor allem der Fotografie widmen zu können. Für den Stürtz-Verlag fotografiert Johaentges auch Bildbände der LOOK-Reihe. Der Fotograf ist Mitglied von ***FreeLens*** und des ***BFF***.
Zum Abschluß seiner 3jährigen Weltreise war der leidenschaftliche Globetrotter 1984 in sechs Wochen per Anhalter coast to coast von San Francisco nach New York getrampt. Seitdem haben ihn die USA nicht mehr losgelassen und seit 1994 arbeitet er am Thema ***American Trails***.

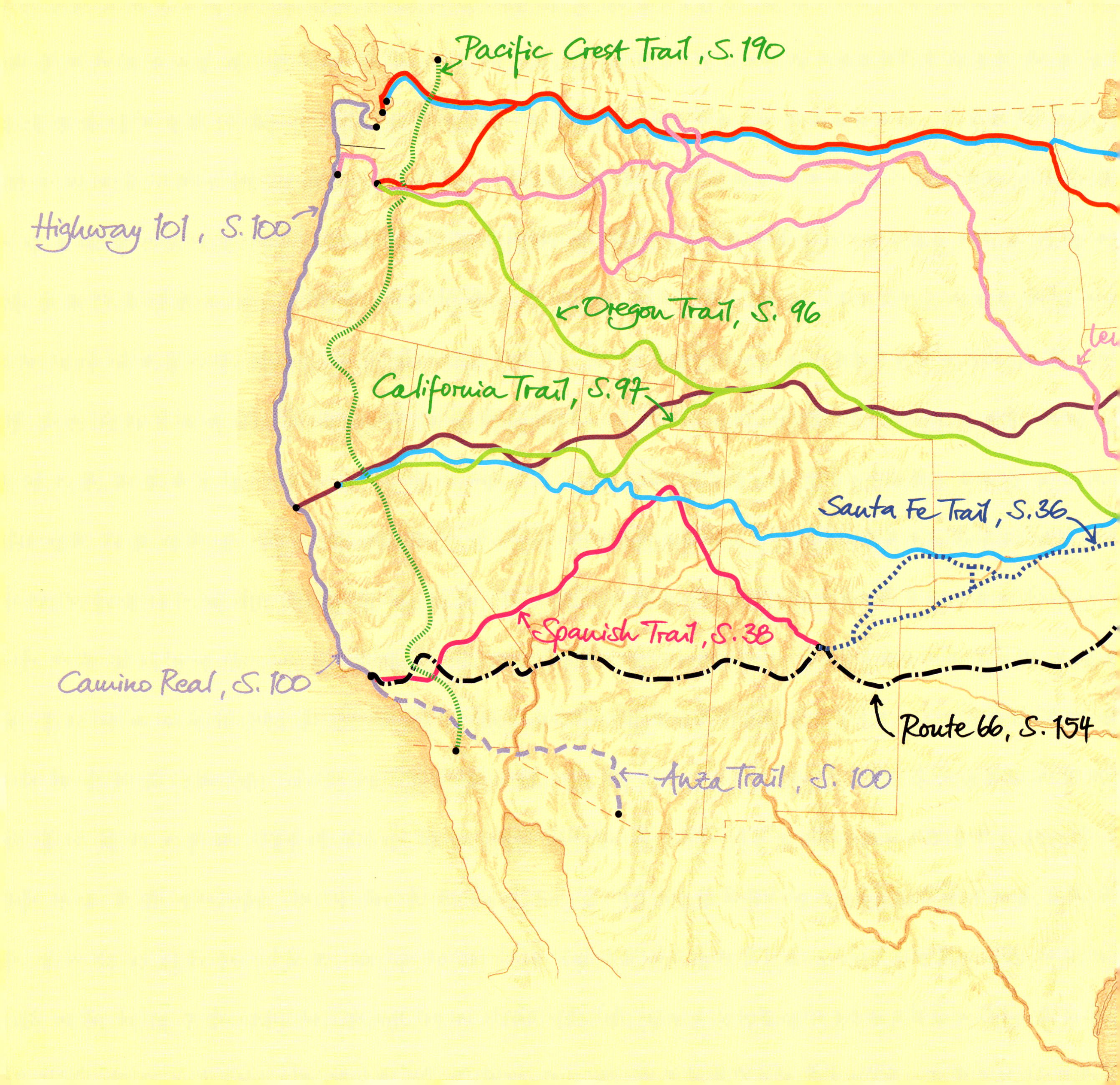

Pacific Crest Trail, S. 190
Highway 101, S. 100
Oregon Trail, S. 96
California Trail, S. 97
Santa Fe Trail, S. 36
Spanish Trail, S. 38
Camino Real, S. 100
Route 66, S. 154
Anza Trail, S. 100